中华科技传奇丛书

从郑和下西洋到"辽宁号"航母

郭建红 编著

上海科学普及出版社

图书在版编目(CIP)数据

从郑和下西洋到"辽宁号"航母/郭建红编著.
——上海：上海科学普及出版社，2014.3
（中华科技传奇丛书）
ISBN 978-7-5427-6039-5

Ⅰ.①从… Ⅱ.①郭… Ⅲ.①航海技术—技术史—中国—普及读物 Ⅳ.①U675-092

中国版本图书馆 CIP 数据核字(2013)第 306644 号

责任编辑：胡 伟

中华科技传奇丛书
从郑和下西洋到"辽宁号"航母
郭建红 编著
上海科学普及出版社出版发行
（上海中山北路 832 号 邮政编码 200070）
http://www.pspsh.com

各地新华书店经销 三河市华业印装厂印刷
开本 787×1092 1/16 印张 11.5 字数 181 400
2014 年 3 月第一版 2014 年 3 月第一次印刷
ISBN 978-7-5427-6039-5 定价：22.00 元

前言

　　在茫茫的宇宙中，地球是一颗蔚蓝色的"水球"，因为地球表面约有70%的部分被海水覆盖着。浩瀚无垠的海洋既是所有生命的发源地，也是人类文明兴衰的"见证者"。正所谓"向海而兴，背海而衰"，这是人类发展与进步所必须遵行的客观规律。

　　现在，只要我们打开世界地图看一看，就会发现中国拥有长长的海岸线，这样得天独厚的地理条件，让中国成为名副其实的海洋大国。而从考古发现来看，早在新石器时代，中国古人就已经学会"刳木为舟，剡木为楫"；到了春秋战国时期，古人已经发明了木帆船，并且由此开始大规模的海上运输，也由此引发了海上的战争；秦汉时代出现了海船远航印度洋，徐福东渡日本的举世壮举；三国两晋到唐宋时期，中国的航海业不断发展，古代造船技术和海上丝绸之路的繁荣，成为航海史上浓墨重彩的一笔；到了明朝永乐年间，中国最伟大的航海家郑和率领浩浩荡荡的船队七下西洋，足迹遍布亚非各国，将中国古代的航海业推向了顶峰，在世界航海史上也功勋卓越……

　　中国古代不仅航海业繁荣，造船技术也堪称世界一流。比如舵、车轮舟、指南针和水密舱壁的发明，就为世界造船技术谱写了崭新的篇章。当今世界上的不少船舶，还使用着中国人发明的尾舵、指南针和水密舱壁呢！难怪国外有学者在自己的著作中说："如果不是中国人发明了船尾舵、指南针和水密舱壁，让欧洲的造船与导航技术得到空前发展，那么就不会有大航海时代的地理大发现，更不会有哥伦布发现新大陆！"

中国的航海历史悠久，从古代"刳木为舟"，到现代"辽宁号"航母的诞生，几千年的光辉历史值得我们每一个中华儿女铭记在心。那么，你知道我国古代人是如何进行航海运动的吗？他们每次出海都要带上哪些精密的装备？你知道我国造船业的辉煌成就吗？当雄伟的现代舰船驶向大海深处时，你是否会因为它的蔚为壮观而激动不已呢？俗话说，一个国家的航海史与一个国家的兴衰史息息相关，中国航海史上的辉煌成就正好映射了一个民族的崛起与兴盛！通过阅读本书，读者朋友们可以解开心中的众多谜团，还可以了解中国古代的"航海热"、精密的古代航海"装备"、横贯古今的中国航海家，以及日新月异的中国造船业，让自己的"航海梦想"在文字的海洋中扬帆起航。

我们应该知道，21世纪是开发海洋资源、发展海洋经济的重要时期。让我们一起为中国的航海业欢呼呐喊吧！希望中国的远洋船队，在广阔无垠的大海中谱写出更加波澜壮阔的新篇章。

编者

目录

一、古代航海的兴与衰

上古时期的萌发 ……………………………………………… 2
寻找神秘的扶桑国 …………………………………………… 5
古代航海历史的开创 ………………………………………… 8
不断发展的秦汉航海技术 …………………………………… 11
汉代时期的海上航线 ………………………………………… 14
隋唐时期繁荣的航海史 ……………………………………… 17
永远闪耀的"征帆" ………………………………………… 20
逐渐衰败的海上贸易 ………………………………………… 23
近代史上羸弱的海上力量 …………………………………… 26

二、越来越先进的航海"装备"

不断前进的"浪花" ………………………………………… 30
画在夜空中的航海九星 ……………………………………… 33
利用星辰定位的牵星板 ……………………………………… 36
来自风中的"召唤" ………………………………………… 39
谁来为你指引迷航 …………………………………………… 42

手心里的"小宇宙" 45

海岸线上的生命之光 48

联系世界的图线 51

大海中的计程仪 54

现代航海雷达 57

北斗导航系统 61

船舶自动识别系统 65

奇妙的电子海图 68

船舶"黑匣子" 72

三、横贯古今的中国航海家

出海寻仙药的徐福 76

海外取经求法的法显 79

东瀛传法的"过海大师" 82

中国航海史上的明星 86

郑和使团的"巨人" 90

七下西洋的记录者 93

郑和身后的英雄 96

来自民间航海者 99

现代航海第一人 102

四、日新月异的中国造船业

史前刳木为舟 106

木板船的问世 109

汉朝的楼船建造 112

第一艘车船问世 115

精密的龙骨结构 119

蜚声世界的水密隔舱 123

北宋"神舟号" 126

"黄鹄号"蒸汽轮船 129

中国现代造船业 133

著名的江南造船厂 136

万吨巨轮"东风号" 139

披波斩浪的舰艇 142

深海中的"幽灵" 146

"辽宁号"航母 149

一、古代航海的兴与衰

上古时期的萌发

⊙追本溯源

一直以来，黄河和长江周边的区域都被学术界人士认为是中华文明起源的发源地。黄河和长江周边的区域由于土地肥沃、水源丰富，所以慢慢地形成了农耕文化。虽然我国人民千百年以来一直都是过着以农耕为主的生活，但是离开了水和航海，中华民族的发展也是难以进行的。

在11000~7500年之前，就已经有很多人傍海而居了，例如北京的山顶洞人、浙江的河姆渡人，还有山东的大汶口人等，他们的生存和发展都离不开海洋和航海。

近代，我国考古学家在北京昌平县的雪山遗址和山顶洞的遗址中有了一些重要的发现，在这两个遗址里都发现了一些已钻孔的海贝和一些用海螺壳窜制的装饰品。同时，在浙江河姆渡百月文化遗址的考古学家也发现了一些海鱼骨。这些出土的千万年以前的文物，都充分向我们证明了上古时期的沿海居住的人们，其主要生活来源都是靠航海渔猎来维持的。河海边的人们在获取生活资料的过程中慢慢地形成了航海特色十分明显的百越文化和龙文山文化。也正是这两个文化的诞生，拉开了中国上古时期航海的最初的序幕。

上古时期的航海工具比较简单，作为载人载货渡海的一种有形的载体，表明上古时期的人们对走进大海的强烈欲望。当时的人们已经发现海里也有大量的生活资源，河对岸那里也有大量的猎物，所以才慢慢地产生了渡海、渡河的想法。事实证明人类是极其聪明的，他们从自然界里面得到启发，懂得了浮性的作用，于是选择了浮性好的物体来渡海、渡河。《物源》一书曾经记载，上古人是抱着一个大葫芦或者跨着一根大树干作为浮具来渡河的。

腰舟

刚刚开始的这种渡河浮具，是最原始最简单的。后来，人们积累的经验多了，便也慢慢地学聪明了，他们把数个葫芦或者数块树干绑捆到一起，大大提高了渡具的浮力，并且把这种渡具叫作"腰舟"。这种腰舟不但携带十分方便，还可以扎在腰上，也可以捆在背上，人们再也不用抱着葫芦和树干渡河。只要坐在腰舟上，用双手和双脚一起划水就可以了，比原来的单个葫芦和单块树干方便了很多。后来，人们开始饲养牲畜，久而久之便学会了用兽皮充气制作浮具。这些兽皮制作的浮具，简单又实用，在历史上延续使用了很长的时间，也成为那时最流行的浮具，就如今天的大船一样。

⊙ 趣味链接

相传在上古时期，人们刚刚开始学会利用葫芦和树干做浮具，总是出现一些危险状况。有时候，人们在渡河时由于划得太急，一不小心就会把葫芦口弄进了水，划着划着，人的身体居然也就慢慢地浸入到水中，把他们吓得要死；抱着树干时，有时遇到水流比较急的地方，便常常会连人带树一起被急流冲了下去。当时的渡河，真是极其艰辛，抱着的树干和大葫芦就好像我们今天游泳时抱着的救生圈，可以想见是多么惊险。直到后来，他们才慢慢地从这些危险中得到了经验教训，尝试着去制作更加坚固稳定的浮具。

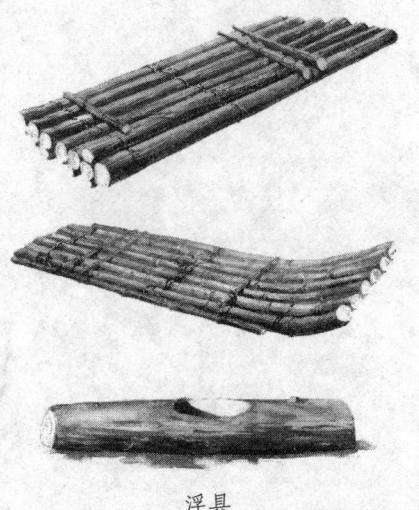

浮具

⊙ 历史评述

　　相对于现代，上古时期人们的航海十分困难。他们以前所用的航海工具，今天的人们根本就没有胆量和勇气去试验。但是，在各种航海材料和工具都极度缺乏的情况下，上古时期的人们依然不屈不挠，利用自己的智慧和勤劳，在一次又一次的实践中不断改良和革新工具，开创了艰辛航海之路。

　　也许，很多人都认为，现代的航海工具才是真的航海，一艘艘大船才是人类智慧的表现，之前的大葫芦根本就不值得一谈。但是，如果没有上古时期人们的尝试，没有千百年来人们的共同努力，现在我们也根本不可能建造出如今的大船。试问，如果没有古人的腰舟，如今又怎能这么顺利造出一艘艘大船？正是因为上古时期人们为我们打下了根基，今天的我们才可以渡河、渡海，走得更远。

寻找神秘的扶桑国

⊙ 追本溯源

相传，古代的海外有十洲仙山，扶桑就是其中之一。但古代的扶桑国却是一个很不确定的谜，有人说是日本，也有人说是墨西哥。但根据国内外许多学者的研究与考证，多数人倾向扶桑国是墨西哥。这与我国古代较发达的航海航线开辟与先进的航海技术有很大关系。

根据我国《梁书》第54卷中记载，扶桑国位于我国大海东方，距大陆16 000多千米的地方。此外，还对扶桑国的地理位置、国家政体、法律、宗教及风土物产等均有比较详细的记载。有关宗教的记载指出：扶桑国是佛教的信徒，佛教就是由来自东方五个和尚东游到扶桑国传教到那里的。扶桑国的故事是由一个叫慧深的和尚口述的，被《梁书》所载。其后，我国《南史》《文献通考》等书也都有记载，记录了几乎同样的扶桑国故事。我国诸多古籍的记载说明，古扶桑国可能就是中国人航海时找到的。

慧深和尚等五人在3 000多年以前，从我国东海岸乘坐帆船出发，沿着东海直入太平洋，跨越太平洋来到美洲中南部传播佛教。慧深漂洋过海东渡，克服了当时航线迷茫、海洋环境复杂、跨越路径长等诸多艰难险阻，到美洲大陆寻找传教国家，并在扶桑国落脚，其壮举可歌可泣。慧深东渡靠海上航行寻找扶桑国传教，将我国与美洲联络的历史提前了3 000多年。慧深东渡所经历的航线风高浪急，险滩重重，气候环境复杂且恶劣，如果没有辨识航线的能力，没有驾驭轻飘帆船的技能，没有一定的航海基本常识与胆量是难以做到的。这证明我国早在3 000多年以前就有一定的航海技术。

正是有了慧深等人沿东海至太平洋航线艰辛东渡，才使东方和西方真正地互通起来。中华民族依靠开辟的众多海上航线，与世界各国很早就建立了经贸与文化交流，对拉近中国与世界其他各国的距离，起到了至关重要的作用。还原当初的慧深东渡历史，难以寻找到更多的东渡痕迹。但是在墨西哥阿拉克布拉达广场上，矗立着3 000多年前中国帆船到港的纪念碑，足可以证明我国古人确实到过该地，且与《梁书》记载慧深东渡的时间相一致。这一切都证实了，中国人在很早时就踏上了美洲大陆。古人沿我国东南沿海—太平洋航线东渡，是与古人注重开发海上航线的观念分不开的。作为东方的一个沿海大国，古人高瞻远瞩，能够早早地通过海上航线通道与陌生的美洲大陆建立起文化交流，进行贸易往事。

⊙ 趣味链接

慧深等五人沿着我国东南沿海至太平洋航线东渡美洲中南部的墨西哥，有国内学者认为，慧深是中国人，墨西哥文化就有可能是古代早期的亚洲腹心地区华北人种创造的中华文明美洲支。换句话说，墨西哥人很有可能有中国人的后裔。为此，寻找扶桑国引起了更多研究学者的兴趣。

⊙ 古今评说

不管慧深是不是真的沿着我国东南航线东渡到了美洲中南部的扶桑国，

中国后裔

但很多资料都能证明我国先民确实早在3 000多年以前到过美洲大陆。这说明我国的航海技术当时是很发达的。我国先人从东南沿海出发，沿太平洋航线东渡到美洲大陆的壮举，增进了美洲人与中国人的交流与贸易合作，为促进双方的经济发展起到不可磨灭的作用。直到现在，我国东南沿海—太平洋航线依然是我国与其他世界各国进行紧密联系的重要通道。

古代航海历史的开创

⊙追本溯源

夏商时期,我国的经济处在一个相对繁荣的阶段,生产力和科学技术都在这个时期得到比较大的发展和进步,于是形成了一个强大的奴隶制国家。而就是在这种奴隶制的基础上,中国古代航海事业取得了一个新的开创。

在奴隶制时代,当时的社会经济是以农业和畜牧业为主体的,由于奴隶劳动力充足,农业和畜牧业得到了空前发展。与此同时,新石器时期的石器文化已经慢慢地被青铜器文化所代替,使得生产工具和生产技术在夏商时期都发生了很大变化。因为产品的相对过剩而导致了货币交易和商品交换的出现,所以海上运输也在这种情况下进入一个开创的时期。

木帆船

凤帆船

上海博物馆里摆放着一件夏商时代的著名青铜器,青铜器上面刻着"有人荷贝立舟上,旁着以手执辑形"。从中我们可以知道,夏商时期人们已经开始利用一些舟船开始进行商业活动了。

由于社会生产力的快速发展,

出现了第二次社会大分工。手工业这个时候也从农业中分离了出来,而且各行各业之间因为技术条件和制造对象的不同,有了比较细微的分工和大规模的合作,这一改变为我国早期的水上交通工具的变革奠定了重要的物质基础。后来,木帆和风帆也就慢慢地出现了。

夏朝时,很多滨海夷族都和中原地区的王朝之间建立起了臣属关系。所谓夷,一共有九种,其中九夷和东夷指的是生活在东北地区的人们,他们都是一群擅长航海活动的人。夏朝的人们已经有能力组织沿海的居民一起去进行大规模的捕鱼活动。同时,他们的航海工具已经不再是古老的独木舟了,独木舟在大海中是绝对经不起风浪的。

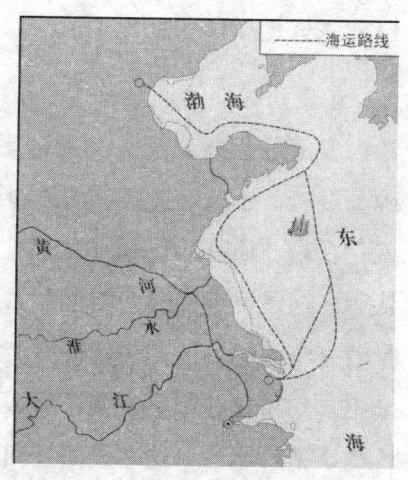

殷人航海图

殷人是当时的东夷人,居住在今天的河北省东北部和东北地区西南部。殷人在夏商时期扩大了自己的生活范围,他们越过渤海向南而下,跨过山东半岛之后再进入中原地区。从他们的航海路程和范围看,殷人当时在渤海沿岸航行和横渡海峡时所用的航海工具非常坚实,航海技术熟练。

直到商周时代,统治者已经把航海的运作当成一个立国的大计了。商朝时期,统治者们越淮水,渡长江,取得了战争的胜利。除了战争之外,商朝的帝王还动用了大量的船只去捉拿那些逃亡的奴隶。殷人已经学会把舟船当作交通的工具。除此之外,更有古书记载,当时还有人将船只作为一种贡纳物品。现代考古学家发掘的夏商时期的海贝、大龟、象牙等这些物品,都是夏商时期人们航海贸易的明证。

海贝

⊙ **趣味连接**

　　在夏商时期的远洋航行活动中,最有趣的要数殷人渡航到美洲了。根据考古学家的记载发现,美洲的墨西哥有很多和中国商代时期风格相似的墓碑、石刀、建筑、文字、图腾和风俗习惯等。于是,一些欧美学家认为,应该是在3 000年前,一批中国逃亡者逃到了墨西哥并且留在此地聚居。他们还认为,这是由于当时商朝灭亡之后,大家都觉得复国无望,殷人们便一起商量着夺海而逃,他们一直在海上漂流着,最后便漂流到了墨西哥这块美洲大陆上。如果这些都是事实,那么无论是对于中国还是世界,都是一件石破天惊的事情。当然,这些谜团直到现在都还没有人能够真正解开,如果要去证明其中的真伪,还需要进一步的考察。

⊙ **古今评说**

　　我国航海业在夏商时期已经进入一个开创的历史阶段。木帆船在那个时候已经产生,人们对早期的航海知识和技术都有了进一步的积累,使得生活在奴隶社会制度下的人们能够远航到各个地方从事着以航海为手段的外交、军事和经济活动。这一切都为我国此后的航海事业发展准备了必需的条件和基础。而夏商时期人们遗留下来的航海历史痕迹,也为今天的人们提供了宝贵的资料。借鉴这些古老的历史痕迹,我们现代的航海事业才能够得到更好地发展。

不断发展的秦汉航海技术

⊙追本溯源

秦汉时期是我国封建社会迅速发展的时期。由于生产关系的改变,也由于经济的大力发展,航海工具的制作获得了丰富的物质基础。航海事业也得到了很大的发展。同时,秦汉时期一直都动荡不已,人们一直都希望通过战争来实现国家的大一统。于是,军事上的需要使航海活动快速地发展起来。

秦汉时期的大船

秦汉时期,我国的造船业非常兴旺,航海水平已经提高了很多,航海工具也慢慢地走向成熟。造船技术已经出现了很多创新,船舶的体积越造越高大,甲板也是很重的,《史记·平淮书》就也曾记载过那时的大船:"楼船高十余丈,旗帜加其上,甚壮!"这句话的描述足以证明秦汉时期船舶体积的高大程度。

广州西汉木船模型

当时,横隔舱的结构已经开始应用到大型的船舶中。横隔舱结构可以有效增加船体的抗风能力。1956年在广州发现的西汉木船模和1974年在湖北江陵发现的西汉船模,都是证明这一点。

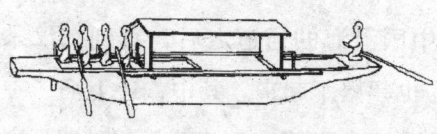

湖北江陵西汉木船模型

另外,秦汉时期的船舶种类也十

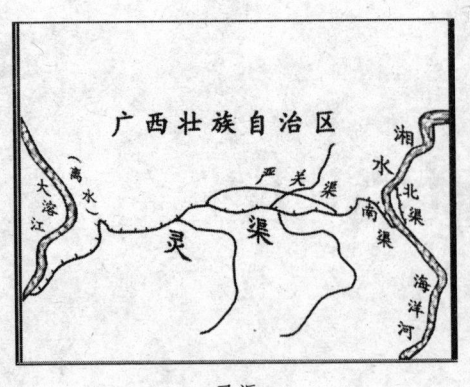

灵渠

分繁多。根据史料记载,秦始皇统一中国之后,为了向世界示威,证明自己的强大,先后五次巡游,其中和航海活动有着密切关系的巡游有四次。公元前214年,秦始皇带领了50万大军向岭南地区进发,他们到了灵渠。灵渠是一条人工运河,花费了多年精力而建成的,其目的是为了使得南北之间可以顺利通航。灵渠全长30千米,与珠江和长江相沟通,整条航线曲折迂回,以降低河床北比降,在比降较大的地方,则建上了水闸。这种水闸式的运河是中国人的一个伟大发明,也是秦汉时期人们航海的一大见证。

公元前140年至公元前87年,正值汉武帝刘彻在位时期。西汉正处在一个全盛的阶段。为了进一步加强自己的统治,集中权力,统一江南沿海地区,汉武帝组建了一支巨大的队伍,七次巡海航行,寻找可以发展和合作的远洋交通贸易,最终他打通了沿海全线的航海路线。之后,汉武帝也和秦始皇一样,多次进行海疆的巡游。公元前89年,汉武帝巡游东莱,很多大臣们为了他的安全而加以劝阻,但是汉武帝依然坚持成行。最后由于海上正值大风暴之时,汉武帝的船队停留了十多天都没有能够乘船出海,才放弃了巡游东莱的计划。

秦汉时期的天文学也开始发展了起来,天文导航术也是在这个时候得到了明显提高。同时,人们也在多次的航海过程中掌握了利用季风航海的技术,进而使得秦汉时期的航海获得了大发展。

⊙趣味连接

根据史料记载,自从汉武帝扫清了中国沿海的通道之后,直到东汉末年,山东半岛和辽东半岛之间的航海贸易也频繁了起来。其中,还上演了一系列群众逃难事件。在公元前8~25年期间,正值西汉末年王莽新朝时期,国家动乱不已，战争频发，北海郡都昌的人们遇到战乱，为了保命，许多人坐船逃到辽东避难，直到东汉初年战争结束了之后再坐船返航回到山东半岛。正是由于汉武帝疏通的这一条航海通道拯救了他们的性命。东汉末年时期，董卓夺权时也发生了各种战争和动乱，山东半岛的大部分太学生意识到自己正身处危难，于是也学北海郡都昌的人们，一起坐船横渡海峡去到辽东半岛避难。

⊙古今评价

秦汉时期的航海，是中国古代航海历史上第一个获得大力发展的时期。因为伴着封建制度的健全和慢慢发展，经济有了很大的发展，而航海工具的进步又使得航海在国家的政治、经济、文化、外交、军事等方面的重要性也慢慢地显现了出来。当时，海上航行和陆上交通相比，具有内在的优越性。再加上当时天文学的发展，天文导航的出现和季风的驱动，中国船员一同开辟了对日本列岛还有南亚等地区的远洋航行线路，进而使得中国古代的航海业进入了世界先进行列。

汉代时期的海上航线

⊙ 追本溯源

　　汉朝非常重视对海上交通航道的开辟，以便从海上与世界沿海各国进行贸易和交流。纵观整个汉朝，海上通道的开辟卓有成效，有三条海上航线与东亚、东南亚及南亚等沿海各国建立了海上交流。三条航线具体为：我国东南沿海南北海上航线，也就是北起辽宁省的丹东港，南至广西的北仑河口港，将我国东南沿海连为一线；东亚航线，即从我国山东省沿岸，东出黄海通往日本及朝鲜；海上丝绸之路，即经由我国广东徐闻和广西合浦通往东南亚及南亚各沿海国。

　　我国是丝绸之乡，早在公元前138年及公元前119年，汉武帝就曾两次派

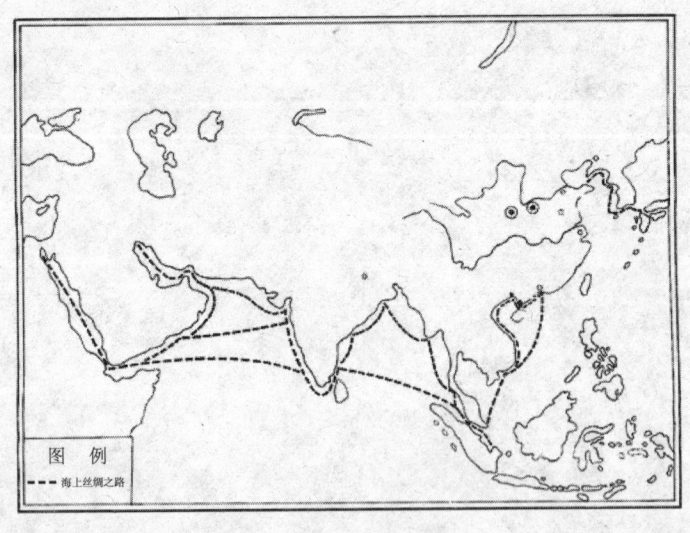

汉代"海上丝绸之路"

丝绸之路

使臣张骞出使西域，开辟了一条陆上丝绸之路，极大便利了我国与西域的丝绸贸易，并通过这条通道，将我国丝绸远销到古希腊、古罗马等国。因为走陆地有太多的不便，所以，罗马人一直希望寻找一条海上丝绸贸易通道。不过，由于受当时技术、船只以及海洋气候环境等因素的影响与制约，没能开通直接通往古罗马的海上丝绸贸易通道，却开辟了从我国南海通往印度洋的海上航线，可绕道转运到古罗马，实现了海上贸易夙愿。这条航线是我国历史上第一条海上贸易航线。

南海—印度洋海上航线十分清晰，它通过马六甲海峡；航行五个月左右，可达越南的顺化灵江口岸；再航行四个月左右，可达缅甸的勃固附近；再航行20天左右，可抵缅甸的伊洛瓦底江沿岸。自缅甸行船两个月左右，可直接到达印度的马德拉斯附近。自印度的马德拉斯再行两个月左右，又可途径斯里兰卡，返回越南中部。

延伸绵延的南海—印度洋海上航线，将斯里兰卡作为贸易中转站，将中国的丝绸卖给或转运给航线所达沿海各国，并换得中国所需的珍珠、碧琉璃以及奇石异物等商品，促进了当时中国的贸易发展。

依据古罗马人记载，古罗马通过这条海上贸易通道受益颇大。古罗马学识渊博的科学家普林尼在所著《自然史》一书中讲道："在古罗马的凯撒时代，曾有斯里兰卡的拉切斯等四个人从这条航线出使古罗马，他们对古罗马人说，拉切斯的父亲曾经去过中国，得知中国的丝绸贸易均与斯里兰卡和古罗马有直接往来，而古罗马人则以珍珠与中国交易丝绸。其间，古罗马有大量金钱流入中国。"可见，古罗马人通过这条海上贸易通道与我国交往获得了极其便利的贸易往来。随着这条航线运输能力以及航道开辟的日渐成熟，中国同南亚、欧洲各国的贸易直接往来越加频繁与繁忙，并摆脱过去依靠斯里兰卡作为中转的支撑，形成了一条贯穿东西的直接航线。

⊙趣味链接

汉朝开辟的南海—印度洋远洋航线，起初不能直接贯通欧洲各国，只能依靠斯里兰卡作为中转支撑点，这给欧洲商人与中国丝绸贸易带来极大不便。斯里兰卡人拉切斯出于本国利益，便积极出使古罗马，探究这条航线能否直接通往欧洲，而且显得比古罗马人、中国人都着急。拉切斯想打通延伸这条航线的目的，就是为了斯里兰卡与古罗马、中国的贸易往来。拉切斯出使古罗马的用意就是想要中国的丝绸，可以通过这条航线的延伸直接与中国进行交易。

⊙古今评说

中国是沿海大国，在汉朝早已开通了陆地丝绸之路，并极力探寻与欧洲各国相通的海上贸易通道。从此，中国历史上第一条海上贸易航线，即南海—印度洋航线得以开通，并繁忙地进行着世界上最早的海外贸易，而这条航线几经转折最终实现了与欧洲各国的沟通。如今，这条航线虽然在新技术、先进船只等优势条件下得以完善开辟，但汉朝原始的航线路线图为改造这条航线发挥了极其重要的作用。

隋唐时期繁荣的航海史

⊙ **追本溯源**

隋唐时期，魏晋南北朝时期以来的分裂局面终于中断，这个时期的中国已经重新形成了一个空前强大又繁荣的封建帝国。由于社会经济和国防力量的显著增强和发展，隋唐帝国为了进一步扩大国力和加强与邻国的经济联系，只能通过唯一的一条路径，那就是海上航行。由于这个目的，海上交通也就空前迅速地繁荣了起来。隋唐时期，海上交通对象对外最主要的还是日本和朝鲜等岛国，对内则是沿海岸南北航行。隋唐时期的海上交通主要是和各国政府之间进行友好的往来交往和一些文化传播。

根据历史记载，隋唐时期一共经历三次对琉球的访问。第一次是在607年，隋炀帝命令羽骑尉朱宽航海道琉球去求访当地人们，由何蛮做向导；608年，隋炀帝再次派朱宽带领一支船队到达琉球对当地的人们进行慰问和安抚；直到610年，隋炀帝再次派遣虎贲朗将陈棱和张镇州一起率领水师从广东潮州市出发，航行到琉球，前后一共花费了好几个月的时间。

唐朝的南北漕运当时主要有两条航线，第一条是隋朝修建的南北大运河的内河航线，即从江南的扬州枢纽装船，经过济渠和永济渠直到今天的天津西南地区，最后通过永定河回到北京；第二条就是起航点在浙江的南北沿海航线，把船驶出长江口，然后再沿海向北方走

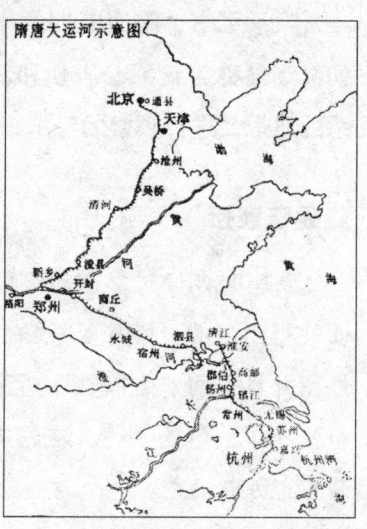

隋唐大运河

去,绕过山东半岛,然后进入海河。

直到598年,隋文帝当时命令汉王杨谅带领30万大军,兵分水陆两路去讨伐高丽。612年,隋炀帝更是亲自航海出征,再次兵分两路去攻打高丽。614年,隋炀帝第三次命令水陆军攻打高丽。水师们从山东半岛出发,途径渤海海峡,最后在辽东半岛南端登岸,向卑奢城猛攻,终于攻破了高丽的守军,军队乘胜追击,一直把高丽军队赶回到平壤。

贞观二十二年,唐太宗曾经下了一道诏,命令伐木造船,用来为东征大军运送粮食。同时,他还任命长孙无忌为大总管,在第二年率领30万大军往北攻打高丽。唐高宗继位之后,660年8月也曾派遣军队横渡黄海,一直到达朝鲜半岛西岸,和新罗军队一起击破百济。666年,唐高宗再次发大军从水陆进攻,经过了两年的激烈战斗,终于成功收复了辽东故地。

唐朝战船

除了军事,隋唐时期的航海还应用于和海外各国的友好交往上。那时的朝鲜半岛称为新罗,唐朝和新罗的关系一直较为友好,双方都用航海作为联系的纽带,进行频繁的经济、政治和文化的交流。

⊙**趣味连接**

隋唐时期经过多次对高丽的讨伐,最后还是没能够解决朝鲜的问题,反而使得山东的百姓深受战争的毒害。因为每次军队从海上经过,都要在山东停留并且有时双方就在附近激烈地战斗起来。最后,河北地区以东的人们再也受不了战争的伤害,在隋末时进行了一场巨大的农民反隋大起义,隋朝的政权也因此消亡。

⊙ **古今评说**

隋唐时期无可否认是中国古代航海历史的一个最繁荣的时期。当时，各种各样的航海技术已经走向成熟。人们已经懂得定期地观察季风情况并且选择安全的航行日期。在日本海，他们已经学会正确利用北向和西北向的季风，还有夏季的南向和东南向的季风去判断航行，以此自如快速地在中日两地之间往返，节约了不少的时间。

隋唐时期的航海技术也得到了新的发展，某些具有指南性质的记载如今从一些历史书籍中可以看到：如在测量海岸和水深时，当时的人已经用到了一些精确的数学计算；天文定位导航技术在这个时候也已经开始萌芽，人们已经学会用北斗星来判断方向；除此之外，人们对海洋潮汐的理论水平也有了新的提高。由于国家的统一，科技文化的发展和经济的发展，使得隋唐时期的航海进入到了一个全面发展的黄金时期。

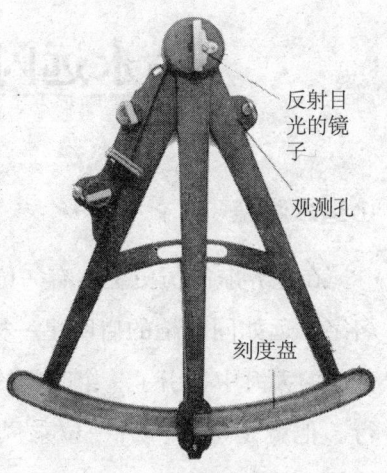

航海象限仪

永远闪耀的"征帆"

从郑和下西洋到『辽宁号』航母

⊙ 追本溯源

在世界航海历史上,有一位中国人的名字永远如同闪耀的启明星一样,在茫茫的大海中指引了一个时代的航行。他就是郑和——一位乘风破浪的航海先行者。

1405年7月11日,郑和受到朝廷的派遣,第一次出使西洋。在之后的28年间,他曾率领规模庞大的船队,七次下西洋——每一次出行的海船都超过240艘,船员更是超过27 000人。如此庞大的船队规模,如此先进的航海技术以及严密的指挥,在当时都是无可比拟的,简直就是世界航海史上的一个奇迹!

郑和七次远洋航行的经历,如同辽阔壮丽的史诗一般。从1405~1433年,他所率领的船队先后拜访了30多个国家和地区,航迹遍及太平洋、大西洋、印度洋,最远的到达过非洲东海岸和红海,甚至是今天的澳大利亚。

郑和船队

每次航行,郑和都会乘坐一艘巨大的"宝船"。这艘船长约130米,宽约50米,可以同时运载上千名旅客,就

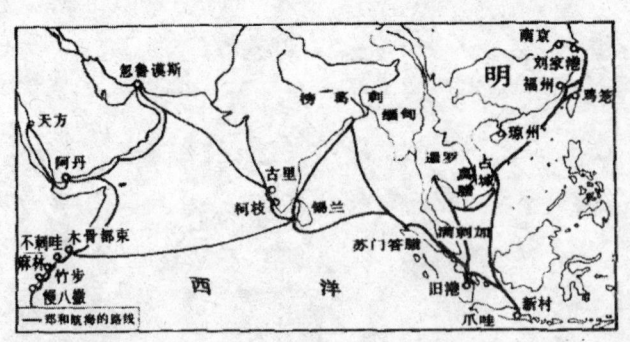
郑和下西洋航线

像一座移动的海上城堡！船上除了郑和与他的七名宦官船长，还有商人、士兵、医生、翻译、马车夫、厨师、工人以及从各地招募来的年轻的水手……这样的出行阵容，很容易让人想到他们是去海上探险的。可事实上，郑和率领的船队更像是传播文明与对外交流的火炬，而不仅仅是去探险。他们的船队在茫茫大海上航行，从环礁到亚丁港，从非洲沿岸到索马里海域，不断与这些地方进行贸易往来；他们的舰队还到达了印度沿岸最大的香料市场，那里是一个相对开放的市场，东方各国的商人都在这里做买卖……

郑和宝船

当然，郑和下西洋也不是一帆风顺的。1407年，郑和所率领的船队就在马六甲海峡遭遇了海盗的袭击。不过，这些不自量力的海盗们也因此领教了中国火药的厉害，一艘艘海盗船就这样被中国船队的炮火击毁成了碎片。从此以后，马六甲成了船队的落脚点之一，这条海路也变成了外国人通往中国的最大门户。

如果说到郑和下西洋的最巅峰，那么肯定就是他的非洲之行了。1419年，郑和率领的船队从非洲返航，随同回到中国的，除了几位非洲国家的使节，还有一头高大的长颈鹿呢！这些外国使节一起参加了紫禁城的落成仪式，都为当时中国的繁荣昌盛而感叹不已。而那只长颈鹿呢？当然也在中国找到了自己的安身之所。

郑和到达非洲

1432年，年过花甲的郑和第七次远航，希望自己能够像前人一样，去遥远的麦加朝圣。然而还在远航的途中，郑和因为过度的劳累而离开了这个世界。闪耀在大海之上的启明星就这样悄然陨落了，可是他留下的海上航迹，却使得中国与东南亚，甚至一些西方国家，建立了密切的外交与贸易关系，并且使得中国与世界的交流经久不衰！

⊙趣味链接

在郑和七次下西洋的过程中，也发生了一些很有趣的事情。其中有关锡兰王国的一段小故事，至今仍然被人们传诵着。

郑和的船队途经锡兰王国，该国国王不仅对郑和等人出言不逊，还想方设法想要加害他们。郑和察觉到锡兰国王心怀不轨，于是便告辞离开了。谁曾想到，当郑和的船队再次路过锡兰国时，锡兰国王居然带领5万士兵想要攻打郑和的船队。这场战役再一次彰显了大明朝的国威，锡兰王国的军队输得一塌糊涂，国王也被郑和俘获，带回到了南京。明朝皇帝经过再三考虑，最终还是免其一死，并且发放衣食路费释放他回国。

自从锡兰王国一战，中国在印度周围地区也越来越有威严了。

⊙古今评说

我们知道，郑和下西洋发生在15世纪初期，当时的中国仍然处于世界舞台的中心位置，各方面的发展都遥遥领先于西方国家。尤其在明朝永乐时期，国家统一昌盛，政治十分昌明。在这样的时代大背景下，朝廷派遣郑和下西洋的目的又是什么呢？

对于这个问题，古今中外的学者一直众说纷纭，莫衷一是。有的观点认为，郑和下西洋是为了寻找"失踪"的建文帝；还有观点认为，郑和下西洋是为了宣扬国威，传播华夏文明。

其实，不论郑和下西洋出于怎样的目的，此次壮举都有效地促进了中国与亚非各国的友好关系，以及密切的贸易往来，并且拉开了世界大航海时代的帷幕。这些都是郑和下西洋所作出的重要贡献。

逐渐衰败的海上贸易

⊙ 追本溯源

中国自古以来都非常重视与周边国家,甚至那些非常遥远的国家之间的贸易往来。因此,在陆路贸易繁荣发展的同时,勤劳勇敢的中国人民也开始探索广阔神秘的海洋了。

中国拥有很长的海岸线,所以在与其他国家的贸易往来中,海上贸易一直占据着重要的地位。汉朝开辟海上丝绸之路以后,经过不断发展,到了唐宋时期,中国的海上贸易达到了顶峰,海上丝绸之路逐渐发展为海上瓷器之路,海上茶叶之路等,那时中国海上贸易空前的繁荣。

明朝初期,政府实行海禁政策,严禁民间进行私人的海上贸易。明朝统治者推行的是朝贡贸易形式的海上贸易。所谓朝贡贸易,就是明朝政府特许一些前来进贡的友好外国船只可以携带一定的货物,在政府指定的地方与中国商家进行贸易往来。在这种海上贸易政策的压制下,繁荣昌盛的唐宋海上贸易之路逐渐被阻断,中国的海上贸易一度陷入低谷。

即使在海禁的影响下,中国的海上贸易还是很活跃的。在明初,最著名的海上贸易活动当属郑和下西洋的航海壮举了。即便郑和下西洋也属于明朝的朝贡贸易性质,但是影响还是相当深远的。郑和的船队将中国盛产的丝绸、布绢、瓷器、药材、茶叶等大批名贵物品运往南洋,和印度洋的一些沿海城市进行

明朝朝贡贸易

明朝民间海上贸易

贸易活动。通过大量的海上贸易，郑和也带回了大量的西洋各国的奇珍异宝和香料。郑和下西洋的伟大航海壮举，促进了当时中国和南洋各国的经济交流，也发展了南洋沿海贸易城市的经济，深受当地人民爱戴。

到了明朝中期，政府海禁政策依旧，海上贸易依然受到限制。但是到了明朝后期，迫于舆论的压力，明朝统治者同意民间一些海上贸易活动逐步开放，民间的海上贸易迅速发展起来。中国的紧俏货物远销日本、欧洲、东南亚，但是中国很少需要这些贸易国家的货物，只要白银。这就使得大量的白银流入中国，对于中国经济发展，尤其是江南农业、工业和商业的发展起着重要的作用。

至清兵入关以后，中国的海上贸易又进入了海禁时代。清政府为了避免沿海居民帮助郑成功复辟明朝，严禁沿海居民出海，甚至将沿海居民全部内迁。这样的措施使得中国的海上贸易一落千丈，长久以来形成的优势荡然无存。到了康熙年间，海禁才被逐渐开放，但中国的海上贸易元气迟迟未能恢复。乾隆后期，清政府开始实行闭关锁国政策，中国海上贸易至此遭受了沉重打击，直接导致鸦片战争的爆发。

⊙趣味链接

由于明清时期，中国统治者们主要实行的海禁政策，使得海上贸易往来受到严重影响。但是对于沿海的居民来说，经营海上贸易和开发海岛是他们赖以谋生的手段，所以即使政府厉行海禁，在民间还是存在各种走私贸易的。

在利益的诱使下，一些走私商人组织了武装队伍形成了走私集团，还有一些走私者与日本海岛势力勾结，这就是明朝时期被视为大患的倭寇之乱。

在这场长达15年的倭患中,中国山东、广东、浙江等沿海一带人民深受其害,最终在抗倭名将戚继光的指挥下,才平息了这场大乱。

⊙ 古今评说

明清时期,唐宋元时期的"市舶之利"没有得到持续的发展,与国外互通交流,学习先进文化思想、科学技术的海上贸易活动被统治者们严厉禁止。中国漫长的海岸线成为了阻碍中国进一步向前发展的最大障碍。虽然也有郑和下西洋这样大规模的航海事迹,但是总体来说,明清时期再也无法重现宋元时期繁荣的海上盛景。中国这个有着悠久历史的泱泱大国却成了与世隔绝的孤岛,当中国的海上门户再次打开之时,面对的却是帝国主义的长枪大炮,由此中国遭受了长达百年的屈辱。

抗倭名将戚继光

近代史上羸弱的海上力量

⊙追本溯源

中国近代史是中华民族最艰难的一段历史，也是中国最屈辱的一段历史。开启这一段历史的正是那场著名的鸦片战争。在这场战争爆发的前夕，我国的海上力量止步不前。当时，正处于清朝末年，清政府闭关锁国的海关政策使得中国海上力量远远落后于英国。

英国皇家海军

在19世纪很长一段时间内，英国的工业实力在世界上占据首位。在强大的国力支持下，近一个世纪中，英国的海军实力可以说独步全球。在19世纪初期，英国海军在欧洲甚至全世界都没有对手了。1815年，英国皇家海军从一支"打不败的舰队"成功转型为一支"敌人不敢冒险进攻的舰队"。

在这个时期，英国凭借着那强大的工业实力迅速在海军舰船方面实现了蒸汽装甲化与动力化，其新式战舰傲视全球。在第二次鸦片战争期间，英国的远征舰队中开始出现了风帆推进的战舰，与第一次鸦片战争时期的英国入侵舰队相比，其面貌完全焕然一新。可见，当时英国海上整体实力不容小觑。

反观清政府一方，虽然海洋派思想占优势，但海上力量很不稳定，且深受传统思想的影响。再加上中国政府中有很多官员都极力抵制海军的发展，在此期间中国的远洋船队不复存在了。由于统治阶级长久以来重陆轻海,对于海上力量的投入十分有限。海军从军官到士兵的战斗素质低下,军队内部管理也很混乱。清军的海军训练荒废已久,即使训练也相当松散。再加上海军内部许多官员徇私舞弊,贪赃枉法,克扣军饷、吃空额的现象十分常见,甚至官匪一家,参与鸦片走私贸易。这使得当时清政府海军战斗力低下,不堪一击。

风帆推进战舰

虽然我国古代的航海技术也取得了一定成绩,但总体上还是非常有限的。原本经过了历朝发展直到15世纪还非常有希望的海军,却因时代的错误而毁于19世纪初。至此,我国的海上实力与其他当时世界上的发达国家相比,已经不足挂齿了。

⊙ 趣味链接

在鸦片战争中,清政府的海军几乎是全线溃败,许多战役还未开打就望风而逃。造成这样结果的原因是因为清政府的海上力量薄弱,海军实力差。当时清政府的海防主要靠哪些力量呢?

清政府的沿海防御兵力是隶属于八旗兵和绿营兵的。当时八旗兵和绿营兵虽然也有远洋作战能力,但清政府将重点放在沿海防御方面。因此将这些八旗兵和绿营兵的海上力量布防在中国沿海的各个防区,主要训练陆地防御。另外,八旗兵和绿营兵的指挥权也相当复杂,八旗兵全部是满族世袭的八旗子弟,地位较高;绿营兵均全部为汉人,且多为南方汉人,地位较低。两个阵营并不团结。

在鸦片战争中,中国由于武器装备、战术指挥等很多方面的原因,基本每战必败。但这里值得一提的是台湾地区的抗英运动。鸦片战争期间,英军多次进攻台湾，但是由于台湾守军准备充分、战术得当，取得了这场战争中罕见的胜利，给予英国侵略者沉重的打击。

⊙ **古今评说**

中国作为四大文明古国之一，造船和航海技术在很长的一段时期都处于世界领先地位。唐宋时期，强大的国力和航海技术，使得四方前来朝贡，而中国也将其先进的文化和技术传播到世界各地。但到了明清时期，尤其是清朝末年闭关锁国的政策，阻断了中国航海技术的发展，也切断了中国和世界交流的通道。

在这个时期，西方国家开始了工业革命，科学技术飞速发展。中国的海上实力远远落后于西方资本主义国家。海上力量的羸弱使得清政府无力抵抗西方侵略者的舰船和大炮，中国的海上门户被轰开，中国领土、领海不断丧失。

二、越来越先进的航海"装备"

不断前进的"浪花"

⊙ 追本溯源

在遥远的古代，如果想让一艘船驶向远方，第一个不可缺少的条件，就是可以帮助船只向前行进的动力。你可以想想看，我们划小船时，会用船桨划水，并用它来拨动水流使船只前进。

船桨的上端是圆杆，可以方便人们抓握；而下端板状的东西，人们称它为桨板。桨板的主要作用就是用来拨水，然后通过水波的反作用力，推动船只前进。鱼儿就是靠着它们的鱼鳍来帮其游动的，而船桨的原理和鱼儿利用鱼鳍游动的原理是一样的。

除了船桨，古时候的船上还会有一个类似船桨的物体，支在船尾或船侧的橹檐上，这个东西就叫作橹。橹主要是由船桨进化而来的，与船桨的形状相似，但是要比船桨大上许多。橹的一端被安置在船上，而另一端则会入水。入水的那一段是拱形的，人们用手摇动着橹檐绳，这样就可以让深入到水里的橹板左右摆动，推动船只不断向前。看到这里，你也许会问：船桨和橹长得很像，那么它们有什么区别呢？在古时候，船桨的拨动是间歇性的，无法连贯成一个动作，而橹就不一样了，古人曾经有过"一橹三桨"的说法。他们认为，橹的效率远远在船桨之上，甚至是船桨的三倍。橹可

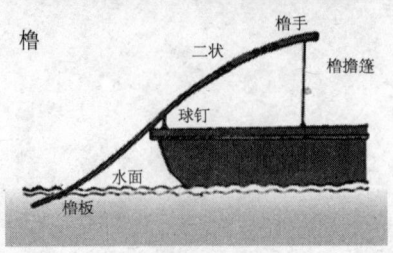

船桨和橹

以连续性划水，远胜船桨的间歇性划水，所以大大地提高了船只的效率。

推动船只前进的动力有了，如何控制船只的航向，就是下一个需要解决的问题。中华民族的确是一个充满智慧的民族，早在商朝年间，人们就发明了一种名为舵的航海装备。它的形状与橹相似，被安装在船尾，可以用来随意改变船只的行驶方向。古时候的人们常常在船尾设有桨手，这种帆船桨的桨叶面积被慢慢增大，渐渐地就演变成了船舵，被人们安装在船尾用来控制船的方向。别看船舵是小小的装置，却可以让庞大的船体运用自如，这是不是很神奇呢？

船尾舵

⊙ **趣味连接**

在春秋战国时期，统治者纷纷开展东渡活动，去寻找传说中的长生不老药。这些航海事迹都大大地促进了桨的演化，桨叶也渐渐地向大型化发展。那个时候，为了方便手握，人们将船桨的握杆变长，桨板则变得薄而短。这样用起来可以更加方便用力，加快了船只在水上航行的速度。直到晋朝以后，船桨的外形才基本确定下来，只是随着人们的需要，桨面的体积与表面积也不断地增加。不但如此，船桨的规模也慢慢地壮大起来，从之前的一舟两桨，慢慢地发展成了桨叠层，也就是上下两排桨，这样大大加快了船只航行的速度。由于手工划桨十分劳累辛苦，而且还不方便，古人还慢慢地发明出一种精密机器，专门用来控制桨叶的划动。

⊙ **古今评说**

船只的行驶离不开船桨、橹与舵的配合，就像不断前进的浪花一样，将中国航海史不断推向新的高潮。船桨与橹的使用帮助古人第一次依靠着人力将船只驶向远方。现在我们已经很少再使用大型木船了，所以船桨与橹也渐渐从我们的视野中退出。但是在许多公园的游船上，我们还是可以看到船桨与橹的身影。用船桨划动水面使船只向前，可以带给游客一种别致的韵味。

当然，中国航海史上最重要的装备，还是船舵的发明。它与风帆、指南针一起被称为船只安全航行的三大必备条件，在世界航海史上具有十分崇高的地位。

西湖游船

画在夜空中的航海九星

⊙ **追本溯源**

夜空中最常见、最闪亮的物体就是星星了。可是你知道吗？在遥远的古代，夜空中的星星还可以帮助航海家们辨别方向呢！

古时候，人们出海没有任何设备可以用来帮助识别方向，在茫茫的大海中航行，就像无头苍蝇一样。后来，古代的航海家们不断积累自己的经验，通过观察夜空中的九颗恒星，来帮助自己正确地识别方向。这九颗恒星分别是：轩辕十四、毕宿五、心宿二、角宿一、北河三、北落师门、娄宿三、牛郎星、室宿一。

九星之一的轩辕十四，是一颗白色的散发着强烈光亮的恒星。与那些拥有数亿光年的恒星相比，轩辕十四可以算是最为年轻的恒星了。除此之外，它的自转速度十分快速，每转一周仅仅只需要15.6小时。

毕宿五是天空中第十四亮的恒星，与轩辕十四不同的是，浑身散发的是偏橙色的光芒。在漆黑的夜空里，它的存在格外醒目，人人常常第一眼就能识别出它。

心宿二的亮度仅次于毕宿五，古代的人们除了用它辨别方向之外，还会用它来确定季节。虽然我们在地球上看到的它是小小的身子，散发着白光，其实它的光度是太阳的6 000倍。

排在心宿二后面的是角宿一，它距离我们地球大约有260光年。我们在

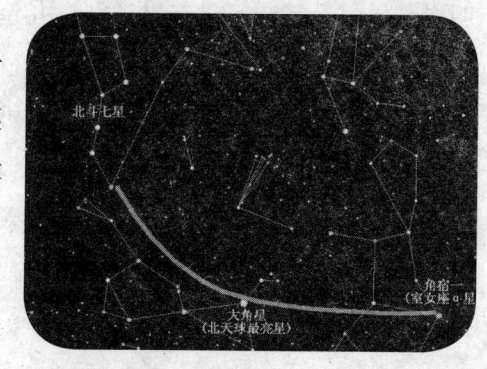

航海九星

地球上看到的角宿一小小的，散发着青白色的光，其实它的表面温度达到了20 000℃。

北河三排在角宿一身后，被人们称为夜空中的"魔术法"。它距离地球约35光年，是一颗年迈的红巨星，光度大概是太阳的32倍。

北落师门紧跟其后，是天空中第十八亮的恒星。它的浑身散发着耀眼的白色光芒，尤其是在秋天的深夜里格外明显。

黑色的夜空里，除了星星的存在，自然少不了美丽的月亮。而在月亮旁边，我们通常会看到一颗亮星，它的名字叫作娄宿三。娄宿三是天空中第四十六亮的恒星。

牛郎星也是九星之一，听着这个名字是不是很耳熟？没错，它在夏秋的夜晚非常出名。牛郎星是一颗闪着银白色光亮的恒星，它离我们的地球十分遥远，大约有16.7光年。

九星之中的最后一颗是室宿一。这九颗恒星，是航海家们出海在外识别方向的最有效的标志。它们就像画在夜空中的地图一样，为航海家们指引迷航。

⊙ **趣味连接**

有的人可能会对"航海九星"感到疑惑：单单靠这几颗星星，真的能帮助古人识别方向吗？答案是肯定的。中国著名的天文学巨著《天文学概论简明讲义》里，就曾经讲解过"航海九星"的原理。书中解释说："由于这九颗恒星的距离都十分接近，北纬不超过南北30°，同时，每两颗恒星之间的赤经都间隔在三小时左右。由此我们可以断定，全球除了南极与北极附近之外，在世界各个大洋都可以看到这九颗恒星。"正因为如此，在晴朗的夜空里，人们才可以通过上面所描述的九颗恒星来确定方位。由于每两颗星间赤经间隔为三小时左右，这样就使得古代的航海家们可以整夜地观测到它们的位置，从而来确定自己的方向。

⊙古评今说

在晴朗的夜空中，人们只要抬头，就能够看到无数闪耀的星星。古代的航海家们通过自己多年积累的经验，发现并确定了航海九星，这无疑为中国古代的航海事业奠定了坚实的基础。那个时候，水手们在浩瀚的大海上可以通过观察天上的星象，来准确地辨别出自己的方向，这不仅在无形之中推进了古代航海业的发展，也使人们以后进行更远的航行时不致迷失方向。直到今天，航海九星仍然是人们着力研究的对象之一。

利用星辰定位的牵星板

⊙追本溯源

如果我们回到遥远的古代,很容易看到这样的情景:在夜色笼罩的海面上,一艘迷失了方向的船只正安静地停泊在那里。透过淡淡的月色,有一位老者走到了甲板上,他的手里握着一个很奇怪的板子与绳子,正对着天上的星星不断比量着。这位老者手里拿的是什么?他又是在做什么呢?

原来,这种奇怪的板子叫作牵星板。自从我国古代的航海家发现并确定了"航海九星"之后,又经过好长一段时间的摸索,终于创造发明了一种能够利用星辰来定位的航海装备。航海家们常常利用它来推测出自己的船只所在的地理位置,其准确性让现代人也惊讶不已!

古人观星

牵星板是用优质的乌木制造而成的,整体结构由12个正方形的木板构成。在这些木板当中,最长最大的一块木板的边长约为24厘米,其他的木板顺着这个长度依次递减2厘米,这样递减到最后,最小的那块木板仅仅只有2厘米的长度。除此之外,牵星板还拥有象牙制成的一个小方块。这个小方块的形状十分奇怪——它的四角全部都缺刻掉了,而缺刻四面的长度又分别是上面描述的12块木板中最小的那块边长的1/4、1/2、3/4和1/8。看到这里,我们也许会好奇,就是这样的木板真的可以帮助古人找到正确的方向吗？答案是肯定的。举个简单的例子，比如人们若是想拿它来测量北极星，只需要左手拿着木板一端的中心，将手臂伸直，眼睛看着天空，木板的上边缘就是我们要测量的北极星，下边缘就是水平线。这样，船只所在地与北极星相

牵星板

距的水平高度就显而易见了。除此之外，根据测量的高度不同，人们还可以用这12块木板和缺刻了四角的象牙块来进行修改，算出北极星的高度以后，就可以顺理成章地推测出现在船只停泊的地理纬度了。

古人在航海中利用牵星板来推测地理位置的方法，叫作牵星术。牵星术是可以利用天上的星星位置与海平面的角高度来推测地理位置的一种方法，牵星板是中国人最早发明的识别方向的航海装备之一。

⊙ 趣味连接

在明朝，有一位笔记小说家，名字叫作李诩。李诩写了一本叫作《戒庵老人漫笔》著作，书中就描述过"牵星板"：这种仪器是带有刻度的乌木板，

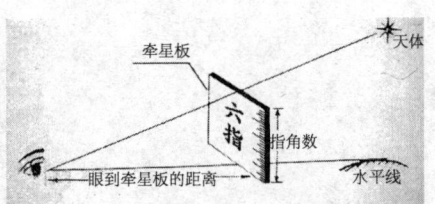

牵星板观星图

数量是12块，长度分别为2~24厘米。观测者一只手握住牵星板，把板面与海平面相垂直，上面的边缘与要测量的物体垂直，下面与海平面垂直，在板上面会用一条长绳来固定牵星板与测量者眼睛的距离。

你可不要小看了这几个看起来非常不起眼的木板，当年郑和下西洋时，也将它带在身边，每天都会通过它来测量自己船只所在的地理位置呢！

⊙ 古今评说

对于古人来说，进入大海就像进入了死亡的沙漠，很容易被浩瀚无边的海水打败了。如果没有一些"先进"的航海装备，来帮助人们识别地理位

置，那么船只的命运只能是被遗忘，或者在大海中沉沦。牵星板的出现对于当时的航海人来说，无疑是一项实用而伟大的发明。有了牵星板，人们可以在大海的任何一个角落，利用恒星来测量自己所在的位置。在海上航行，最重要的无疑就是动力、定位与方向，而牵星板完美地解决了当时人们无法在大海中识别方向与定位的问题。由此可见，牵星板在当时的航海业中有着多么重要的地位。

来自风中的"召唤"

⊙ 追本溯源

在一望无际的大海上,常常会有帆船出现的踪影。通常,在很远的地方,我们就会看到一块巨大的横布挂在船桅上。它就是船帆,已经成了帆船的一个重要标志。如果说人们行走全靠着双脚,那么船帆在帆船中的地位就像人类的双脚一般,因为它可以利用风向推动船只前进,在船舶业中是一项十分伟大的发明。

考古学家们发现,在殷商时期的甲骨文上刻着"凡"字。经过长期的研究,考古学家们一致认为,这个"凡"就是帆船的"帆"。于是他们大胆地推测,大概在殷商时期,这种船帆就出现并运用在船只上了。

不过,帆的构架和运用真正被确立并广泛运用,则是在东汉时期。那时候的人们已经将扬帆驭风的技术运用得十分娴熟了。

在那个时期,帆的种类一共是两种:一种就是普通的丝织物或者是布做成的,人们称之为"布帆"。另一种则是由竹篾或其他植物纤维做的,人们把这种帆称之为"蓆帆"。看到这里,也许你会问,这两种帆有什么不同呢?

单单从结构上面来看,布帆是软帆,而蓆帆是硬帆。软帆是软软的,没有横向的帆竹支撑,在顺风时只能用人字桅悬挂,无法随便斜移与转动。相比之下,硬帆就不一样了。硬帆是由许多根竹竿做成的,它们支撑

布帆船

着帆的一面，或者干脆就交叉地插在帆的两端。人们给这样挂在船帆上的竹竿起了一个名字，叫作帆竹。帆竹在船帆里起到了十分重要的作用，它可以利用自己硬硬的舷杆支撑着帆面，不但可以让帆面变得十分平整，而且还可以更加有效地利用风力。

席帆船

古代船帆的构造看起来十分简单，可是想要将它们运用起来，就得动动脑筋了！早在东汉时期，船员之间就流传着一种"船驶八面风"的说法。这里所说的八面风，分别是指顺风、逆风、左右横风、左右斜顺风和左右斜逆风。当船只航行在浩瀚的海面时，人们最关心的就是今天刮什么样的风，人们都要根据风向和力度来改变风帆的角度，从而形成最有利的帆角，使船只在狂风中还能屹立不倒。

就这样，凭借着这种高超的扬帆驭风技术，早在东汉时期，人们就能够凭借着季风进行大规模的航海活动，远远领先于世界其他国家或民族。

⊙ 趣味连接

在东汉时期，丹阳的太守万震写了一本巨著名叫《南州异物志》。书中讲述了南海航海家们的风帆驭风技术，并且描述了船帆的悬挂角度在驭风中起到的作用。从这本书里我们可以了解到汉代船只如何使用风帆的技术。书中说道："其四帆，不正前向，皆使斜移，相聚以取风吹。风后者激而相射，亦并得风力。若急，则随宜增减之。斜张相取风气，而无高危之虑，故行不避迅风激波，所以能疾。"意思是说，在航海中，船帆要随着风向的顺逆不同而

帆船

进行帆位的调整。

⊙古今评说

　　船帆利用了自然界的风力，可以将船只推动，大大节省了人们的体力，对船舶技术的进一步发展产生了巨大的影响。古代船帆的出现可以说是船舶发展历史上最为重要的里程碑，同时也为船舶的大型化发展起到了重要的作用。除此之外，船帆的出现也为古人开辟远洋航行提供了"技术"支持。那时候的人们利用船帆，让中国的船只驶向大洋深处，遥遥领先于全世界其他国家或民族。就是到了今天，船帆的驭风技术还被人们广泛使用着。

谁来为你指引迷航

⊙ **追本溯源**

有这么一种方形的工具：有着如同"盘子"一样扁扁的方形底盘，在"盘子"的中间，躺着一只金色的小勺。这只小勺是由磁石打造而成的，每当拨动勺柄时，就会一圈圈地旋转起来。等到它慢慢地停下来，勺柄所指的方向就是南方。这个工具叫作罗盘，是人们在航海中用来辨别方向的工具。

罗盘

慢慢地，人们将罗盘改成了一种更易于携带的工具，更名为指南针。指南针是古代的四大发明之一，不论在古代还是现代，都是航海时必备的工具之一。在指南针里，最重要的部分就是中间的磁铁，它除了可以吸铁之外，也可以固定指向地球的两大磁场，也就是南极与北极。指南针就是利用了这个原理被发明和利用的。

古时候，中国的航海业十分发达，中国的船只经常来往于各国之间。在一眼望不到尽头、无法识别方向的汪洋里，指南针成为了最重要的一种航海工具。在指南针发明之前，人们唯一可以识别方向的方法就是依靠天象。可是一旦遇到了阴雨天，看不到太阳、月亮与星星时，人们无法依靠气象辨别方向，就像失去了触角的蚂蚁一般，找不到方向，只能原地等待，到天晴了才可以继续航行。

指南针的运用最早是在北宋时期，它的出现对航海业产生了巨大的作用。有了指南针，不论阴天还是晴天，人们都可以准确识别方向，大大增加了人们航海的准确性，缩短了航行的距离。到了元朝，指南针就已成为了航海业中最为重要的仪器。

随着指南针的发明与利用，这种航海仪器渐渐地被传播到了世界各地，被水手们广泛使用。郑和七下西洋，如此规模巨大的航海活动之所以会准确无误，毫无疑问有指南针的功劳。

宋朝时的指南针

◎ 趣味连接

我国古代的航海业十分发达，遥遥领先于其他国家或民族。早在秦汉时期，中国就已经与朝鲜、日本等国家有了十分密切的海上往来。一直到隋唐五代，这种交往已经可以说是相当频繁了。除此之外，中国与阿拉伯国家之间的贸易也同样维持着密切的关系。到了宋朝，这种海上交通更是得到了进一步的发展。这些海上的航行贸易，全都离不开指南针的帮助。那时候，中国庞大的商业船队经常往返于南太平洋与印度洋，这些遥远的航程更是与指南针有着密不可分的关系。可以说自从有了指南针，航海史上就发生了翻天覆地的变化，中国的海上交通依靠指南针的准确定位也迅速发展和壮大起来。

◎ 古今评说

指南针是我国古代的四大发明之一，它彻底改变了人们只靠气象去辨别方向的历史，为我国古代的航海事业做出了巨大的贡献。我们知道，要想让船舰驶向更遥远、更辽阔的海域，除了船舰本身的动力，更为重要的就是船舰的定位能力。指南针的出现彻底改变了古人只能通过日月星象来识别方向的传统，也打破了遇到阴雨天就无法航行的局面。

指南针使人们有了全天候航行的能力，也使人类第一次得以自由行驶在茫茫大海中。它的出现在远洋航行中发挥了重大的作用。人们依靠着指南针带来的准确的位置信息，不仅开辟出了许多新的航线，而且还大大地缩短了航程，对中国及至世界的航海发展，都起到了推波助澜的作用。除此之外，它还促进了各个国家与人民之间的文化交流与贸易往来，直到今天依旧被人们广泛运用着。因此，我们可以毫不夸张地说，指南针的发明是世界航海史中的里程碑。

英国航海指南针

手心里的"小宇宙"

⊙追本溯源

在古代的船只上,我们常常可以看到这样一个东西:它的构造十分复杂,由许多的机械和齿轮组合而成,看起来略微有些笨重。它就是航海家们必不可少的装备——天文钟。

天文钟的设计十分独特,而且能用多种多样的方式来对天体的时空运行进行表达。天文钟的结构里存在着许多的动力机械,这些动力机械被集中在一起,并且利用了几组轮齿来让机轮的运作得保持在一个恒定的速度里,与天体的运动大体一致。

航海天文钟

天文钟的功能很多,它既能表示天象,还可以用来计时。看到这里,你也许会说,用来计时的不是钟表吗?是的,天文钟就是钟表的"祖先"。在天文钟上,太阳、月亮与星座都在相对应的位置,甚至有些还可以显示出恒星的位置。

天文钟是以地心说模型表示出来的。在天文钟里,钟面的中心是一个圆形或者是球形的标记。这个标记代表着运转在太阳系中心、我们赖以生存的地球,而那个金色的小球则是代表着太阳。这种设计的理念则是源于周日运动,也是人们常年积累下来的生活经验。

很多的天文钟的盘外圈是一个指针式的表盘,表盘上刻了1~12的数

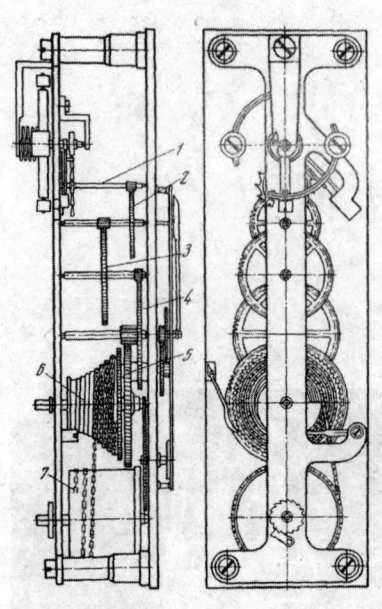

天文钟构造

字。通常指针的尾部会有一个金色圆球的图片，指针指向了太阳方位角和地平纬度，从方位角这个方向来看，表盘的上方就是代表了南方。

除了这些功能之外，人们也可以依靠天文钟查出日历和星座，月亮、各种的恒星都可以在天文星上显示、推算出来。正因如此，天文钟渐渐成了航海中最为重要的查看天象、计算精度的仪器。

在很久以前，在天文钟还没有问世之前，航海家们没有一座可以测定经度的精密仪器，那个时候的船只稍不小心算错了经度，就很有可能触礁沉没。天文钟的出现无疑让航海家们的出行，有了更加安全的保障。

⊙趣味连接

古时候，我国有一位杰出的科学家，名字叫苏颂。公元1088年，在苏颂的倡议和领导之下，中国创制出了第一座天文计时仪器——水运仪象台。这座水运仪象台的底部为正方形，下端很宽，上端偏窄一点。别看它的身体高达12米，但是运作起来却十分灵活。水运仪象台共分为三层，第一层是放有观测天体的浑仪，第二层是演示天象的浑象，最后一层就是浑象仪。浑象仪是随着天体昼夜运转，然后报时的计时仪器。当时的人们给这套机械装备还取了一个名字，叫作"昼夜机轮"。这座天文计时仪器，利用了"铜壶滴漏"式的装置，进行了自动机械化。早在公元11世纪，我国就能造

苏颂

出这么复杂的天文钟，也充分体现出我国古代科学技术的领先水平。

⊙ 古今评说

　　天文钟的出现奠定了钟表发明的基础，在航海事业中也发挥了不可磨灭的作用。1707年，英国的一个舰队因为误算了经度而在大雾中触礁沉没，船上的2 000多人丧失了生命。如果当时有了天文钟，这样的悲剧便不会上演。天文钟在航海事业中起到了十分重要的作用，直到今天，仍然被一些航海家收藏、运用着。

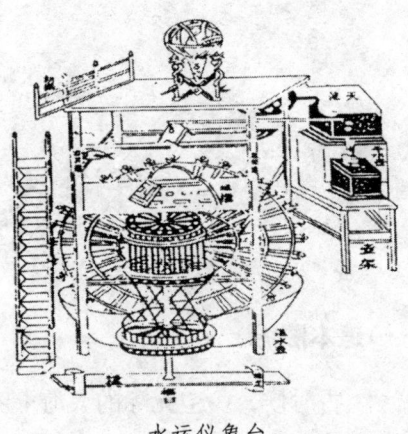

水运仪象台

海岸线上的生命之光

⊙追本溯源

古时候，一望无际的大海上不知道有多少船只迷失了方向，船上的成员面对着波涛汹涌的大海，往往感到束手无策。这时候，不远处的一道微弱的光芒，却照亮了迷失航向的船只，也将船员们的生命之光点亮。那一道神圣的光芒是从哪里来的呢？它就是来自海岸线上的灯塔的光芒。

法罗斯岛灯塔

灯塔是一种建在海岸线或是航道关键位置的一座塔。与其他的塔不同的是，这是一座会发光的塔。大约在公元前270年，第一座灯塔建造在法罗斯岛东端，它是由索斯特拉图斯一手打造的。随后，中国也将这种保障海上出行安全的方法引入国内，建造了许多的灯塔。其实早在唐朝的贞观年间，广州就有一座以伊斯兰教闻名的寺庙，这个寺庙里有一座建光塔，与灯塔的原理基本相似，所以可以视作中国最早的灯塔。

建光塔

灯塔的主要结构分为塔身和灯具。塔身主要由钢架、钢筋或者砖石等建筑材料构成。由于常年在海岸线上风吹日晒，塔身的首要要求就是具有稳定性和耐久性。除此之外，由于灯具是被安在塔身上端，所以塔身的高度一定要合理，要适应灯光射程要求。

灯具就是灯塔的发光部分。古时候人们通过煤油或是灯笼的方式来点亮灯塔，渐渐地，电力取代了煤油与灯笼，成为灯塔的重要组成部分。灯塔内的光源辐射出来，通过聚光透镜可以形成一个扩散角的平行光，射向海面上。现代的灯塔可以根据不同的需要，设定灯光的颜色或是不同类型的闪光，而且灯塔灯光的穿透力非常强，可以照射15～25海里。现代灯塔的形状可以说是多种多样，它有圆形，也有六角形、八角形甚至方形，但是通常我们见到的都是圆形。有些灯塔还要将塔的外壁涂成不同的颜色，方便白天识别。

⊙ **趣味连接**

灯塔是我们人类非常宝贵的历史文化遗产，早在1997年，世界航标协会在全球范围内选出了100个灯塔，并且将这100个灯塔命名为世界历史文物灯塔。中国境内有五座灯塔非常荣幸地入选。这五座灯塔分是：上海青浦泖塔、浙江温州江心屿双塔、浙江嵊泗花鸟山灯塔、辽宁大连老铁山灯塔、海南临高灯塔。2002年，中国邮政发行了这五个灯塔的特种纪念邮票，被人们永远地纪念与收藏着。

灯塔邮票

⊙ **古今评说**

灯塔不但向海面散发着希望之光，而且还拥有护航的用途。迷路的船只看到了灯塔，就相当于看到了希望，除此之外，在过去，灯塔也是十分重要的军事防御工具，它也被人们称为海上烽火台。古时候的人们可以站在上面进行海防眺望，同时也可以防范偷渡。在灯塔的附近，一般还建有炮台等防御设备，当人们一旦在灯塔上发现敌情时，就可以随时进行防御。就是这样一个小小的灯塔，还拥有着宣誓主权的意义，在一些有争议的海域里，灯塔常常被当作主权的象征。在过去，灯塔就是象征着希望；而今天，灯塔依然屹立在海岸线上，依旧散发着它充满希望的光芒。

现代灯塔

联系世界的图线

⊙追本溯源

如果人们想要到达一个陌生的地方，最重要的东西就是地图。对于航海家们来说，如果想要航海出行，海图也是必不可少的装备。

早在几千年前，人们就知道通过航海的方式去认识周边的世界。在航海的过程中，最不可缺少的工具之一就是海图。其实，在很久之前的古代，海图就是与海有关的一种文字的

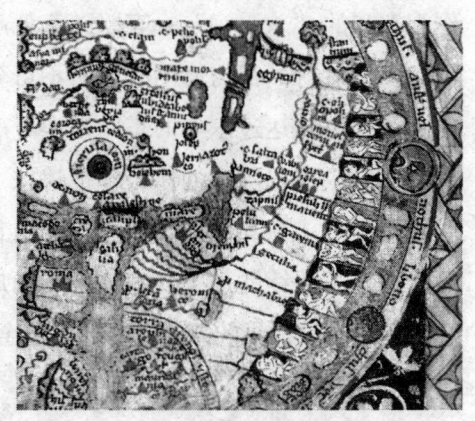

古代欧洲航海图

附属品。那个时候的海图并不是用图标标志出来的，海图上所描述的一切都是用文字来阐述的。随着人们对航海事业的兴趣加深，越来越多的人驶向大海。就这样，用图标注的海图才被慢慢地延伸描绘出来。

在最开始时，航海家们并不清楚目的地的具体方位在哪里，却可以通过星辰、水势等来判断自己船舶的位置。在古代，当航海家来到了一个完全陌生的水域后，就会将自己一路上所见所闻都一字不落地记录下来，例如天上的星星、水势的流向甚至周围的礁石。慢慢地，可以利用的航海资源就日益增多了。接着人们将这些宝贵的航海资源充分利用起来，这些资源也慢慢地被绘制成了一幅幅有针对性的海图。随后，随着人们通过地理学、绘图方式等知识的加深，将航海图渐渐更加精细化与现代化。

对我国来说，对航海事业产生了最深远影响的人就是郑和。我们知道，

郑和曾经七次下西洋，而《郑和下西洋海图》是我国古代人民最早独立指导而完成的航海海图，在中国的航海图史中起着重大的作用。在受了郑和下西洋图的影响之后，大约在明清以后，我国的航海图绘制渐渐走向了世界顶端，为航海事业作出了毋庸置疑的巨大贡献。

⊙ 趣味连接

早在明初时，郑和就率领着船队先后几次航向了西洋。那个时候，海图作为郑和的"杀手锏"一直跟随着他航行出海，而郑和的船队之所以一路上可以安全航行，都与海图有着密不可分的关系。在郑和下西洋的期间，最远的路途曾经到达过东非的东南沿岸，一路上大约到达30个国家。同时，郑和将如何到达这些国家的途径都描述在了一本书里，这本书就是有名的《郑和航海图》。《郑和海航图》是郑和由自己所率领的船队的远航路径为根据，并且通过了后续的加工处理才绘制而成的。这本书对后世的意义非常重大。它不但是中国最早的海图，而且也是全世界最早的航海图籍。

郑和后航海图（局部）

⊙ 古今评说

海图让世界海洋与大陆有了进一步联系与了解。有了海图，人们在航海途中就像有了一个指路标一般。海图可以帮助船只分辨出正确的方向，并且安全地躲避开礁石，它帮助人们更加勇敢地将风帆驶向大海。如果说一个区域并没有在海图上呈现，那么那里一定就是船舰不会轻易靠近的地方。海图一直都是航海不可缺少的工具之一。直到今天，人们只要出海，海图都是必备的！

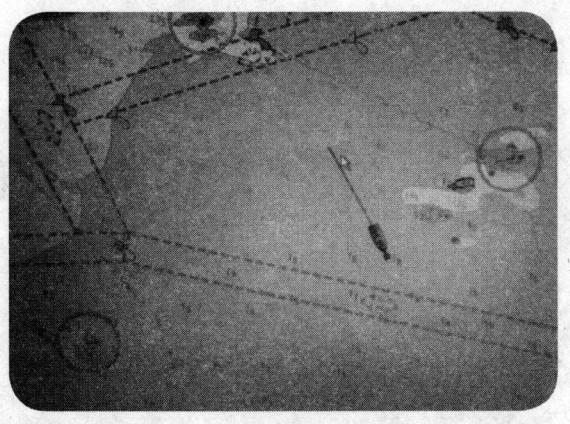

现代海图

二、越来越先进的航海「装备」

大海中的计程仪

⊙追本溯源

在没有先进仪器的情况下，在江面上或者海面上航行时，古人是怎么测量自己的行程的呢？有人写过一本名为《南州异物志》的书，记录了三国时期吴国海船航行到南海一带的情景：有人将木板丢进水里，然后迅速跑到船尾，等木板到达船尾后捞起来，然后旁边的人就进行一次统计。这就是古人计算船的行程的最原始方法。

这种方法在我国沿用了很久，一直到明朝才有所改进：利用燃香来计时，不仅可以算出船的行程，而且可以大致算出船的速度。可以说，明朝大大地改进了原始计程仪。

古代的计程仪原理其实很简单。木片投入海中，然后迅速从船头跑向船尾，如果木片同时到达，就证明船前进了一个船身那么远的距离；如果木片没有到达，证明船的速度比较慢，还没到一个船身的距离，就等木片到达以后再捞起来记为一个船的长度。然后，把这个船工所跑的趟数乘以船身的长度，就是船的行程了。这可以说这是计程仪的最原始的类型了。只是，船工比较劳累，基本上船行多远，船工就要行走整个行程的两倍，因为每次他都要跑一个来回。

明朝时，这种计算方法仍然在使用，不过规定更具体些。把一天一夜分成十更，用点燃的香来计算时间，再把木片投入海中，人从船首到船尾时，更强调人和木片要同时到达，人先到或后者先到都不符合要求。这样不仅能够比较精确地计算出整个行程，而且还可以利用时间算出航行的速度。这个时期对航程和速度的计算，证明测航在当时已经取得较大进步了。

⊙ **趣味连接**

近代计程仪运用了现代科技后先进多了。它主要由测速部分和指示部分组成。测速部分检测船舶航速航程信号，指示部分显示船舶航速或航程，再通过积分或微分方法显示航程或速度。

现代计程仪有下列几种类型：拖曳计程仪利用水流使船尾的转子旋转来计算行程，这种仪器不是很准确也不便于操作，但性能可靠，可以作为备用计程仪。转轮计程仪利用水流推动转轮旋转测量速度和路程，测低速比较准确，但容易磨损，已逐渐被淘汰。水压计程仪利用水流的压力来计算航程，性能较可靠，低速行驶时误差比较大，不能测后退速度，已经逐渐被淘汰。电磁计程仪利用电磁传感器来测量船的速度和行程，线性好，灵敏度

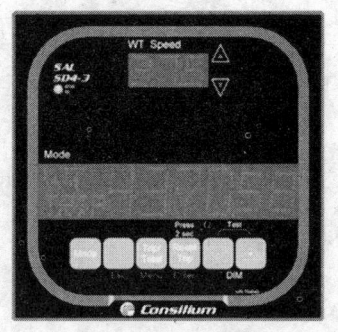

声相关计程仪

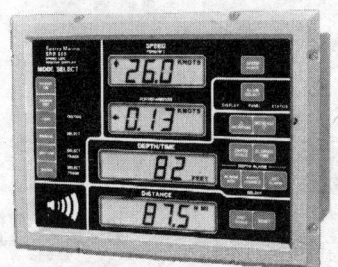

多普勒计程仪

较高，可测后退速度，目前使用最广。多普勒计程仪利用声波测量船舶航速和航程，准确性好，灵敏度高，还能测纵向和横向行驶的速度，但价格昂贵，主要用于巨型船舶的精确测量；不过，当深度超过数百米时，只能利用水层中的水团质点作反射层，变成对水计程仪来使用了。声相关计程仪测量来自水底的回声信息到达两接收器的时差来算得航速和航程，可测后退速度也可用于测深。

⊙ **古今评说**

置身于茫茫大海上，人类会深感自身的渺小和无助。但是人类征服大自然的愿望却一直没有终止过，智慧的力量是巨大的。因此，中国人想到了一个巧妙的办法：既然四处都没有参照物，为何不把船本身当作一把尺子来丈量走过的道路呢？于是，他们扔下木板，让木板漂到船尾，那就是一个船身

的距离，然后不停的扔下、拾起……可这种方法可苦了来回跑动的船工们。而现代使用的计程仪，利用转轮、水压、电磁传感器、声波和回声定位来进行测量就显得既精确又先进了。如果不了解这些知识，也许很多人并不知道电磁传感器、声波和回声定位会和计算船舶的行程和速度有什么必然联系。所以，科学是一种大胆的探索和尝试，没有创新精神就不会有科技的创新和进步。就像计程仪一样，没有科技的应用，人们到今天可能还得在茫茫大海里不停捞木板。

现代航海雷达

⊙追本溯源

　　船的外型一般比较大，这样可以使船只获得更大的浮力，可以承载更多的重量。但也因为船身巨大带来很多不便，比如行动笨拙、难以驾驶等。行船时，由于海面过于宽阔，再加上很可能是在夜间航行，所以水上的情况是不能仅仅依靠肉眼来进行判断的，更不可能像高速行驶的车道一样，从反光镜里看看前后左右的情况，然后开始操作方向盘。陆地的路面是硬的，所以开车时只需要考虑车身的大小和路面的情况。但水面是柔软的，不具有稳定性，两船如靠得太近，会因为水流的作用而速度靠拢，导致事故的发生。所以在海上行驶的大船，或者在船只繁多的港口、在狭窄的水道行驶的船舶，都必须装配一双更加敏锐的眼睛——雷达。

　　雷达在航行过程中起什么作用呢？它可以把关于水面上的物体的情况一一告诉船员，比如灯塔、岸边、其他船只、冰山……只要出现这些，雷达就测得它们距离船只的距离、所在的方向、行进的速度，船员就可以迅速作出反应，以保证航行的安全。所以，船用雷达是船的一只眼睛。

　　雷达通常由电源、天线、发射机、接收机、显示器五部分组成，其中发射机工作波段以X波段和S波段为主，雷达同时安装这两种波段，可取长补短。如果再装上自动雷达

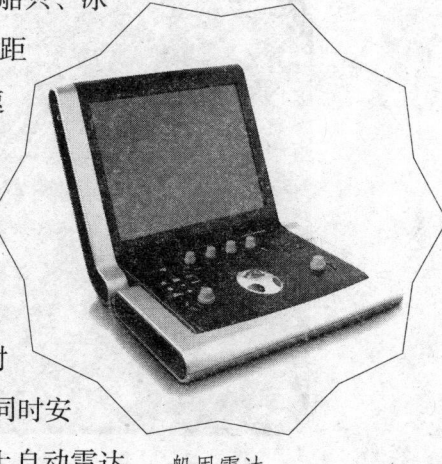

船用雷达

S波段雷达全发射机

标绘仪的话，则会更加安全，因为只要当船只或者其他障碍物超过安全距离时，它会自动报警。

雷达的主要作用是发现水面情况，测量出水面物体与船舶本身的距离，便于船员在驾驶船只时作出正确的判断。例如，一般60米高的大山峭壁在25海里以外就能在雷达上显示出来，小冰山在5海里左右的距离就可以被探测，万吨级的船舶在10~15海里以外就能被发现，小木船在0.5~4海里的范围内能够被探测到，桥梁在5海里左右能被发现，浮冰在2海里左右的位置能够被发现……

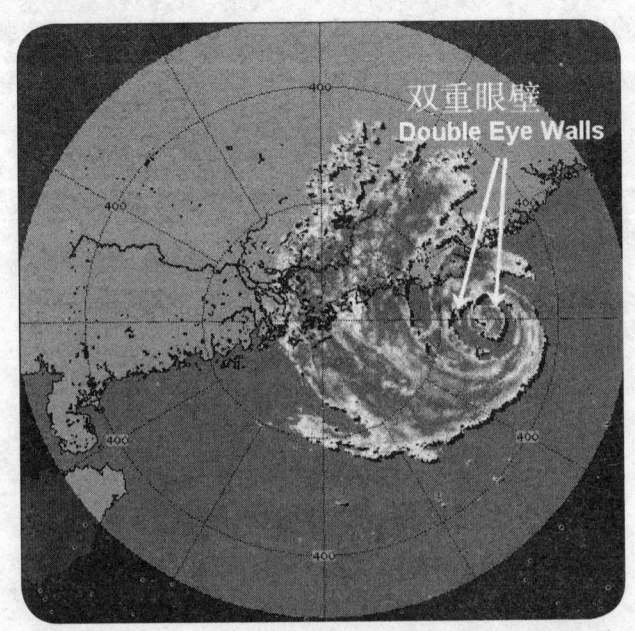

雷达图像

雷达图像是不是和真实的情况完全相同呢？其实，雷达反射的图像不一定是完全真实的。雷达图像有可能失真，可能受到海浪、雨雪等干扰。有时还可能出现假回波，船上烟囱、桅杆的遮挡，也会对雷达造成影响。

航海雷达有相对运动显示和真运动显示两种方式。在较宽水道航行，最好利用雷达连续在海图上定位进行导航。在狭水道航行，必须直接在显示器上进行导航。

相对运动显示方式分两种。一种是舷角显示方式，又称"船首向上"显示方式。不管本船航向如何改变，船首标志线始终指向零度位置，但物标在屏幕上容易改变，图像不稳。另一种是方位显示方式，又称"真北向上"显示方式，方位刻度盘读数就是本船航向，此时固定方位刻度盘正上方的零度代表真北，本船改向时，物标保持图像稳定。

⊙ 趣味连接

但就现在的技术条件，航海雷达也受到很多限制，所反映的情况并不是100%准确。在正常天气下，雷达发出的波受大气折射的影响，雷达在晴天测得的距离总是比实际距离要稍稍远一点。这是为什么呢？原来，这与雷达的工作原理有关，雷达发射机产生电磁能量，然后传送给天线。电磁波遇到障碍物反射回来，被无线接收后形成图像。当天气晴好时，雷达发出的电磁波受到了空气折射的影响，反射回来的距离比实际距离要长一些，所以雷达反映的距离也就比实际距离要远一些。影响雷达工作的第二个因素就是物标反射雷达波的能力。当雷达探测到的物体反射波的能力强时，雷达就能检测到物体的存在。雷达的作用还受到天气条件的影响。在降水天和雾天雷达探测不了很远的距离，而在阿拉伯海的干燥季节，距离1 500海里的物标都有可能被探测到。

⊙ 古今评说

当船在水面上出现大雾、雷雨风暴或者夜间等环境中行驶时，航海雷达能为航海人员提供必需的观察手段。它的出现大大提升了船舶航行的安全系数，可以说是航海技术发展的重大里程碑。和其他电子设备一样，航海雷达也经历了电子管、晶体管和集成电路阶段。目前的航海雷达除发射机的部分配件外，全部采用固态元件，提高了整机工作的稳定性和可靠性。自动雷达标绘仪的安装使雷达更加先进，从而更加保障了航行的安全。雷达的出现使人们摆脱了在航行的过程中所受的肉眼的限制。在浩瀚的江面或者海面上，仅仅凭借肉眼不一定能够发现潜在的威胁，或者说，发现不一定及时，给航行造成了很大的安全隐患。雷达使人们不用眼睛观察，却对水面的情况"看"得更加清楚了。

北斗导航系统

⊙ **追本溯源**

在现在航海装备中,北斗导航系统是利用卫星来引导航行的先进设备。为了确保海上和水路运输更为高效和安全,目前在世界各大洋和江河湖泊行驶的各类船舶,大多都安装卫星终端设备,比如北斗导航系统和GPS等。北斗卫星导航系统将在任何天气条件下,告诉水上航行船舶它们所在的方位,它们的状态是否安全,同时还具有多种服务功能。卫星导航系统图的反应更加敏锐。

卫星是怎样导航的呢?原来,卫星可以向地面发射一些图像资料,因为

卫星导航系统

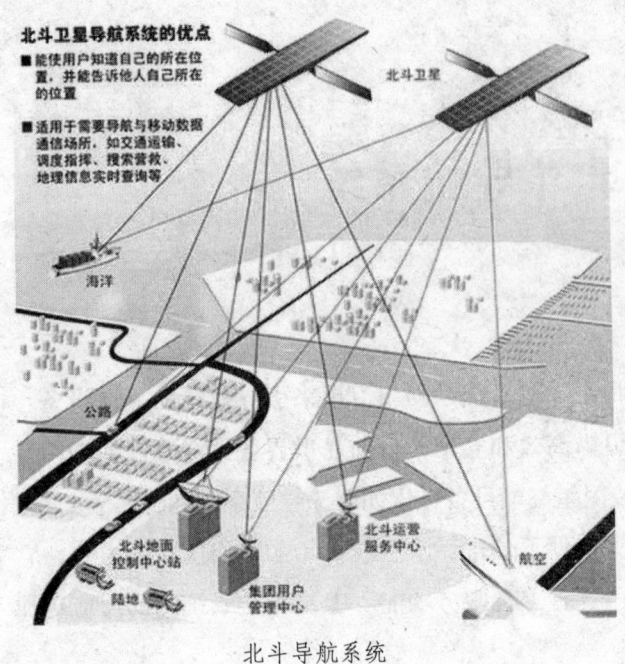

北斗导航系统

它具备遥感的功能,也就是能遥远地感知地球上的事物。由于地球地表物体对电磁波的反射和它所发射的电磁波能够比较清晰的被卫星探测到,它提取这些物体的信息,然后将它们识别出来,再转换成图像,这种功能就是遥感功能。北斗导航系统能够遥感到船只附近的情况,并能够变成图像传送回地面,这就是它能够导航的工作原理。

北斗导航系统是我国的导航系统,覆盖中国本土,范围为东经70°~140°,北纬5°~55°的地区。2012年12月27日,北斗卫星导航系统试运行启动,标志着我国自主卫星导航产业有了很大进展。其中,卫星导航应用处理器的方案非常先进,而且这种配件是我国研发的,而以往这样先进的仪器和配件都是由国外进口的。

"北斗"导航定位系统的技术也在不断提高,目前已经有11颗卫星为它服务,它已经拥有12万军民用户。到2020年前,"北斗"导航定位系统卫星数量将达到30颗以上,导航定位范围也将拓展到全球,它的设计性能将与美国第三代GPS导航定位系统相当。

北斗导航系统具有哪些功能和优越性呢?首先,"北斗"具有定位和通信双重作用,具备的短信通讯功能,这就是GPS所不具备的。它的定位精度在20米左右。而且目前它的终端价格已经趋于GPS终端价格。随着技术的改进,它也不需要地面基站。它的反应速度非常迅速,灾难中心的船只需要用一秒钟就可以发出信息。

但目前北斗导航系统还存在一些技术缺陷，首先是用户在定位的同时也暴露了自己，这在军事上相当不利；另一方面由于设备必须包含发射机，因此体积巨大；而且北斗导航系统的用户不仅要接收询问信号，还要求发射应答信号，用户设备容量有限。此外，"北斗一号"用户的定位申请要送回中心控制系统，中心控制系统发回用户，其间要经过地球静止卫星走一个来回，再加上卫星转发、中心控制系统的处理，时间延迟就更长了，因此对于高速运动体，就加大了定位的误差。

⊙ 趣味连接

为了打破美国的全球定位系统在民用导航领域的垄断局面，欧盟于2002年起决定使用伽利略定位系统，并邀请中国加入伽利略计划，让中国成为第一个非欧盟的参与国。根据中欧双方合作协议，中方承诺投入2.3亿欧元的巨额资金。但进入2005年，他们的决策者发生了变化，由于美国的加入，欧盟排挤中国，中国投入巨额资金却进不到伽利略计划的决策机构，在技术合作开发上也被欧洲航天局故意设置阻挡。面对这样的尴尬局面，中国开始把注意力转移到沉寂数年的北斗卫星导航定位系统上。2006年11月，中国对外宣布，将开发自己的全球卫星导航和定位系统，到2007年底，覆盖全球的北斗二号系统计划浮出水面。但由于北斗卫星导航定位系统的频道与伽利略计划重叠，引发欧盟官员抗议。但中国航空技术专家指出，按照"先用先赢"的国际法原则，中国和欧盟成了这个频率的竞争者。

⊙ 古今评说

卫星导航终端中采用的两种材料——导航基带和射频芯片，是技术含量及附加值最高的配件。可以说，直接影响到整个产业的发展。以前，我们会向国外购买这些材料，要花很多的钱，在技术上还受到别人的控制，根本无法做到保密。而北斗多模导航系统中，中国已经自行设计并使用了这些材料

国产北斗卫星导航终端

和配件,中国人自己的应用处理器也得到大量应用,卫星导航专用ASIC硬件结合国产应用处理器打造出了一颗真正意义的"中国芯"。这种应用处理器为国内完全自主开发的,均拥有100%的中国自主知识产权。其拥有国际领先水平,可以节省芯片,保护机密,开始逐步摆脱国外技术掌控。只有依靠自己,才会底气十足。由此可见,科技不发达,无论什么方面都要求助于他国,只会让自己陷入更加被动的局面。

船舶自动识别系统

⊙ 追本溯源

船舶自动识别系统是一种更为先进的导航系统。它主要由岸基设施和船载设备共同组成，能够识别船只，协助追踪目标，简化信息交流，提供其他辅助信息等。

船舶自动识别系统受外界自然因素干扰少，它在船只航行过程中能起到这些作用：引

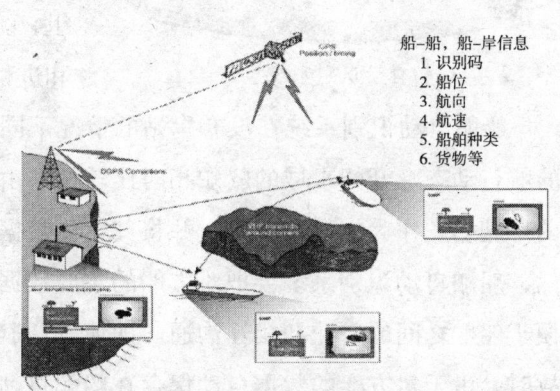

船舶自动识别系统

导船只航行，避免船只相碰撞，事故发生后海上搜救，加强船舶之间的相互联系，参与事故调查，建立船只和岸上通信。可以说，船舶自动识别系统在航行安全的保障方面又大大前进了一步。

船舶自动识别系统是怎样进行工作的呢？它把每分钟划分为4500个时间段，每个时间段可发布一条信息，每条船舶会通过询问自动选择一个与他船不发生冲突的时间段和对应的时间段来发布本船的信息。于是，在统一的频道上，船舶自动识别系统范围内任何船舶都能自行互不干扰地发送报告和接受其他船舶或者岸边的报告，这就是它的技术核心。它可以容纳多少条船接受和发出信息呢？在同一区域它能同时容纳200~300艘船舶，如果超过这个数量，距离很远的目标就会被放弃，以保证近距离目标的准确性。

根据国际海事组织规定安装自动识别系统的具体要求，所有300总吨及以

船舶自动识别系统显示图

上的国际航行船舶和500总吨及以上的非国际航行船舶,以及所有客船,应按要求配备一台自动识别系统。

国际海事组织每年都要召开多次船舶自动识别系统方面的会议并作出相应的决定,国际海事组织安全委员还成立了专门的船舶自动识别系统小组,统一协调船舶自动识别系统工作和进程。

船舶自动识别系统在没有岸站的情况下同样会自成系统,显示周边船舶的航行动态。开阔水域的船舶相对比较少,由于船舶自动识别系统有把最近的一艘船舶作为主要对象船,并将其主要数据显示在显示屏上的功能。很自然,船舶自动识别系统会把对方船的主要数据显示在显示屏上,显示目的是便于船舶之间的避让和相互沟通。即使万一避让不当,造成两船发生碰撞事故时,由于对方船的数据自动保存在船舶自动识别系统中,现场就可抓紧时间确认碰撞事实和了解损失情况等,不必像以前那样先要询问对方船名、船公司名称等基本数据。在了解事故情况和调查阶段,由于船舶自动识别系统有把对方船的航行数据自动保存的功能,双方的动态一清二楚,事故的责任自然很容易判别,任何有意的篡改都是徒劳的。

⊙ 趣味连接

航槽的开挖是一项大投入的工程。一般说来,航槽的设计只要符合安全的条件,航槽开挖得越窄越省钱。为了让船舶看清航槽的位置,航槽两侧需要设置航标。由于航标设在流动的水中会漂移,漂移半径在10~30米左右。为了安全起见,航槽只好相应加宽。这样就浪费了大量的人力财力。而在船舶自动识别系统情况下就不同了,因为电子航标的位置是不受水流的影响而移动的,所以在同样的安全系数的情况下,可以降低对航槽开挖宽度的要求。从而降低航槽的建设成本。灯浮是容易漂移的航标，一旦漂移，容易造成船舶的搁浅。船舶自动识别系统可完全改变这一状况。由于船舶自动识别系统状态下的电子航标是不会移位的，因灯浮漂移而造成船舶搁浅的因素也就不成立，部分搁浅事故也就可以避免。如果仍需要现行的实物航标，只要在灯标体上安置一台船舶自动识别系统设备就能解决。当灯标发生移位时，移位了的灯标上的船舶自动识别系统设备就能报告移动了的位置并报警，这对航行安全是非常有好处的。

⊙古今评说

　　船舶自动识别系统受外界自然因素干扰少，在船舶导航、避碰、海上搜救、船舶通信、海事调查、船岸通信等方面发挥着非常重要的作用。航行于开阔水域的船舶不用通话便可自动获得来往船舶的各类信息。航行于限制水域的船舶不仅可自动获得其他船舶的信息，而且通过广播获得各类航行信息和港口信息，这样可在最大程度上防止船舶碰撞和各类海难事故的发生，为航运界带来了前所未有的安全感。

　　现代国际航运为了降低海运成本，所造的船越来越大，速度也越来越快，自动化程度也越来越高，船舶自动识别系统的应用范围也越来越广。船舶自动识别系统还可以改变航运企业的经营和管理水平，在船舶自动识别系统应用方面可以跟踪船只的营运和航行情况，可以帮助业主管理船队，把航运企业推向电子商务时代，大大提高航运企业的管理效率和服务水平。

奇妙的电子海图

⊙ **追本溯源**

随着船只越来越多，船越来越大，速度越来越快，船舶航行安全面临着严峻的挑战。为了更加安全便捷地航行，船舶学家想到一个办法：把本船的位置、环境、移动船只都显示在一个屏幕上，使船舶驾驶员能够迅速地获取所有这些信息，及时地作出决策。这个屏幕显示的内容是一张能够根据环境而变化的移动的图像，称为电子海图。电子海图的使用，大大降低了操作的难度，能够把驾驶员的主要精力放在航行监视和决策上来，增加了安全系数。

电子海图非常先进，它使用了各种现代化的导航设备和雷达设备，能够

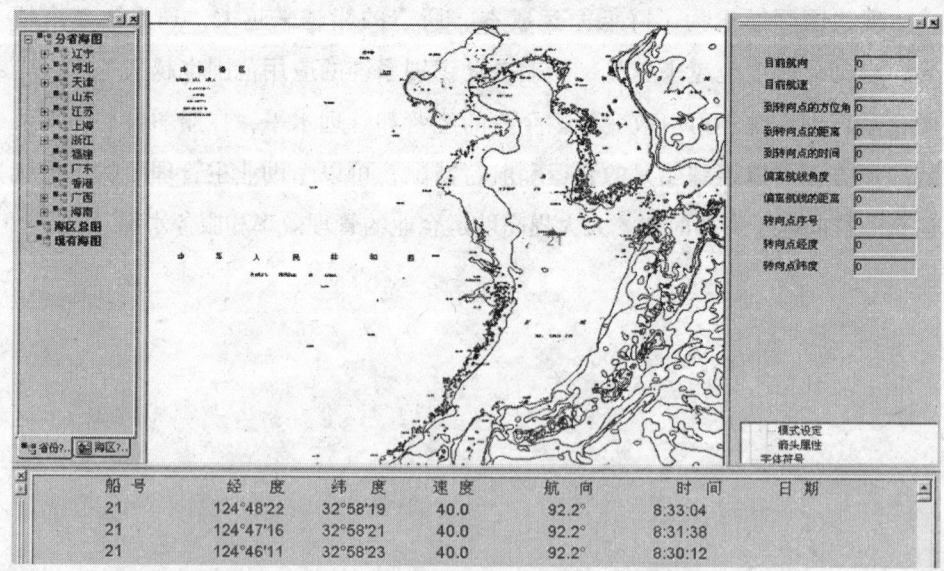

电子海图

在很短的时间间隔内获取精确可靠的信息，比如船的位置、船舶运动等。电子海图上显示所有船舶的航向、航线、船名等信息，而且既能进行语音也能进行文字识别，使船舶的驾驶更加简单便利，使航海界进入了数字时代。

电子海图并不是一开始就这样先进的，经历了一个发展阶段。最初的电子海图出现于20世纪80年代，仅仅是把一般纸印的海图存入计算机中，根本看不出任何变化，就是一幅地图而已。到1986年，人们开始挖掘电子海图的各种潜能，电子海图能够显示船位、设计航线，还能显示船速、航向，出现紧急情况还能报警等，这些都能够在海图上表现出来。现行的电子海图进入了更加先进的时代，人们将电子海图作为航行信息核心，完善了数据库，与雷达、定位仪、计程仪、测深仪、全球定位系统、船舶交通服务、船舶自动识别系统等各种设备和系统进行组合，也就是说集中了上述几种导航设备所有的优点，成为了最先进、最完善的航海指导仪器。

多功能船用电子海图系统对保证船舶航行安全所起的重要作用，得到了国际航道测量组织以及众多航海专家的认可。

电子海图系统到底有哪些作用呢？首先是可以应用于船舶的航海，还可以应用于海上交通管理、船舶调度，出现事故后还可以应用于搜救指挥，平时也可以应用于监督港口管理、污染管理、航标管理，在学术方面还可以应用于海洋测绘、海洋工程，在生产方面可以应用于渔业、引水等，应用非常广阔。

世界上某些海运技术开发公司已将其电子海图同导航系统等其他先进设备仪器构成了所谓的"组合船桥系统"。因为电子海图的准确定位，可以让内河航道中的船舶导航更加准确，特别是在闸区、桥区、狭窄河段等航区，但在高精度的动态电子江图的帮助下，航行或者航道疏浚还有航道管理方面都降低了难度，从而也带来了客观的经济效

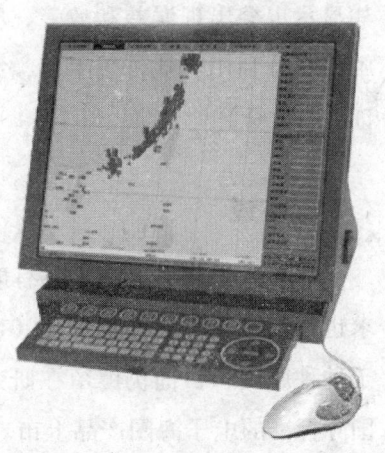

电子海图仪

益。

电子海图的完善和发展，为它的普及铺平了道路。电子海图还可能面临一些改变，比如尽快建立覆盖全球的官方电子海图以及海图纠正服务网络；增加并优化标准功能，使它更加智能化；集中多种科技产品的优势，指导船员驾驶船只，这样不仅大大降低了操控的难度，而且同时可以让船舶以最经济的方式航行在最优航路上，提高航运效益。

⊙趣味连接

1986年7月，联合国的国际海事组织和国际航道组织成立了协调小组，专门监督电子海图的建立和完善。随着科技的发展，各种性能优良的电子海图产品也不断地推陈出新。

电子海图之所以引起高度重视，是因为它有无可比拟的优点。电子海图系统可以设计航线，监测船只的航行方向，记录船只的航行轨迹并自动储存，重新演示以前的航程，偏离航道或者进入危险区后自动警报、快速查询如水文、港口、潮汐、海流等信息，时刻显示并更新船舶动态，还将雷达回波图像叠显在海图上。它的更新速度很快，几千幅海图的自动更正只需几分钟。电子海图虽然功能很强，但其只是一种助航仪器，本身也具有局限性，如显示也会出现误差和故障，所以使用者不能对它过分依赖。使用者在航行中应充分利用其他传统手段，并用以检验系统的有效性和是否有误差，以保证航行安全。

⊙古今评说

电子海图几乎集中了所有航运系统的高科技产品，技术含量非常高，要求也相当严格，尽管我国从20世纪80年代起就开展了电子海图的研究，但由于种种原因，目前仍停留在研究、试制阶段，到目前为止还没有国产的符合国际标准的电子海图产品上市。中国海军2011年8月25日在国家会议中心举行中国官方电子海图发布会，正式对外推出国际标准版的中国海区电子海图。

这是中国首次对外正式发布中国海区国际标准电子海图。此后，中国航海部门开展了符合国际标准的电子海图的研究制作，对现有的海量数据作了处理。经过多年摸索以及与国际同行的交流合作，先后完成400余幅符合国际标准的中国海区电子海图的编制。目前，已全部完成中国海区国际标准电子海图的制作、测试和检验验证。从电子海图来看，我国的水上航行科学技术水平还未能步入国际先进行列，与国际标准甚至还存在较大的差距。

二、越来越先进的航海「装备」

船舶"黑匣子"

⊙追本溯源

我们都听说过飞机上的"黑匣子",当飞机失事以后,人们会找到黑匣子,并打开里面的记录,来重现飞机失事时的情景,并分析事故发生的原因,为后来的技术改进提供教训,以减少类似事故的发生。所以,从飞机有了"黑匣子"后,很多交通工具也开始使用黑匣子,如火车和船舶。

船用黑匣子是根据飞机上使用的黑匣子研制的,它可以记录海难事故发生时的情景,也可以提供船只在大海上神秘失踪的重要线索。它的工作原理是在磁带上昼夜记录声音、雷达及其他数据的航海记录器,发生事故后,只要找到黑匣子,所有的内容都可以被还原,事故发生的原因就水落石出了。

船用黑匣子

船用黑匣子数据

1999年11月，山东烟台发生了一起新中国成立后的最严重海难，给国家带来了巨大的损失。海难发生后，事故调查进行得非常艰难，因为事故当时的情形很难被推断和复原，于是交通部出台规定：国内船舶也必须装载"黑匣子"。我国在船舶航行数据记录仪领域的研究已取得重大进展。中国研制的船舶航行数据记录仪已经在船上进行了安装试验，经过连续运行48小时采集数据，观摩、评论回放数据。试验结果显示，仪器运行稳定，真实记录了航行数据，能够客观真实地再现航行情况。有关专家认为，试验的成功标志着我国在船舶黑匣子的研究方面取得了突破性进展，并且它的数据记录仪的功能指标在某些方面超过了世界先进水平。2006年，国产船用"黑匣子"在中国市场上占有率位居第一，把多年居于垄断地位的欧洲和日韩企业比下去了。

⊙ 趣味连接

　　1992年3月26日，欧洲最大的航运公司开始生产第一个先进的船用"黑匣子"。船用黑匣子重约90千克，它的外表涂有易于识别的明亮色彩，外壳耐压、耐水、耐高温。整个系统放置在操舵室内，安装在一个半米见方的防水匣子里，使用磁带录制发动机控制室的声音及其船只航行时的背景性声音，日期、时间、罗盘及雷达等情况都会被记录下来。在深水中可以长期不透水，如果船只沉入海底，海水压力就会自动使黑匣子浮出水面。黑匣子是可以提供船只在大海上神秘失踪的重要线索的特殊装置。另外，磁带还可分装在甲板上一个防火防水的快速浮水匣子里。

⊙ 古今评说

　　灾难的到来往往会让人们猝不及防，就像"泰坦尼克"号的沉没，事过多年，人们对事故原因仍然不够明晰，那么多鲜活的生命也不能够换来一些教训，这是悲剧而又无奈的事情；百慕大三角上那么多船只销声匿迹，最终也不知所终，航海的人们对那一带地区仍然只有未知的恐惧。如果那些失事的船只能够真实地记录下海难的过程，也许用沉重的代价换来的宝贵教训会让更多的人们避免再次造成悲剧。船用黑匣子的应用是一种巨大的进步，如果黑匣子一边记录信息，一边能够把信息发射回地面中心，那么，万一不幸发生海难事故，寻找黑匣子的过程就可以省略。科学在进步、在发展，只要勇于探索和实践，高科技就一定会为人们保驾护航。

"泰坦尼克"号

三、横贯古今的中国航海家

出海寻仙药的徐福

⊙追本溯源

两千多年前,辽阔的大海上缓缓驶来一艘大帆船,打破了原本宁静的海面。太阳从地平面上缓缓升起,一名男子站在船头望向远方。他就是中国古代伟大的航海家——徐福。

徐福又叫徐市,字君房,秦朝时期的齐地(今山东龙口,即原黄县)人,主要以方士为业(方士:在古代官方正史中以搞迷信为生的"三教九流"式的人物)。他博学多才,通晓医学、天文、航海等知识。因为同情百姓生活不易,他经常帮助别人,因此徐福在沿海一带名望颇高。

徐福

2200多年前,秦始皇一统中国,成为中国历史上第一位皇帝。在获得至高无上的权力之后,秦始皇为了永享这一权力,便妄想得到长生不老药。于是,秦始皇多次派人出去寻找这种奇药,但都以失败告终。

后来有一次,秦始皇参加完泰山封禅的仪式进行东巡时,通过当地最高官员的引荐见到了徐福。徐福便跟随秦始皇继续考察,后来秦始皇的大队人马来到了琅琊(今胶南),徐福向秦始皇上书讲述了渤海里有长生不老的神仙的故事,并向秦始皇表明愿为其出海寻药的决心。秦始皇被徐福的忠心所感动,便命徐福带上金银珠宝出海求仙。但是没过多久,徐福就无功而返了。他告诉秦始皇,此行失败的原因是神仙嫌他带去的礼物太少了,需要美好的童男童女和各种工匠用具作为礼物献给神仙才行。为了能够长生不老,享受无上的权力，秦始皇便派出500名童男童女与徐福同行出海。

　　第二年，秦始皇再次东巡，顺便来找徐福。途中秦始皇遭遇张良的袭击，躲过一劫之后不顾个人安危仍然坚持来到琅琊，却没有见到徐福。10年后，秦始皇第三次东巡终于见到了徐福，却依然没有拿到仙药。徐福说本来马上就能拿到仙药了，却被海上保护仙山的大鱼阻挡，功败垂成。秦始皇不甘心，亲自带兵出海与大蛟鱼搏斗并杀死了一头鲨鱼。

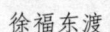
徐福东渡

　　最后，秦始皇还未等到徐福找来仙药便病死了，大臣为了谋权篡位将秦始皇病逝的消息封锁起来。徐福得知秦始皇已将大鱼杀死，却不知秦始皇已死，因害怕无法交差，徐福只好再次出海寻找传说中的灵丹妙药。只是，从那以后，徐福再未回过中原。

⊙ **趣味链接**

　　徐福的故事在中国家喻户晓，但是这个故事的真假与否，世上是否真有徐福这个人，至今仍是个谜。对于徐福出海为秦始皇寻求仙药一事众说纷纭：一种说法是徐福出海为秦始皇寻找灵药是假，实现当时的某种政治目的才是真；第二种说法是古代的方士懂得医药、炼丹术、占星术、航海术等技术，而且有很多统治者都会派人到蓬莱求取仙药，作为当时才能卓越且最著名的方士而言，徐福会得到秦始皇的器重，被派出海寻药也是有可能的；第三种说法是，徐福不堪忍受秦始皇的暴政却又无能为力，便以出海为秦始皇寻得仙药为名逃离秦的统治，另寻安身之所；第四种说法是徐福一直因为秦灭齐之事对秦怀恨在心，因此策划了这次叛离秦始皇恶政统治的行动。

　　另外，关于"徐福的故里在龙口"的说法人们也存在争议：有人说徐福的故里在齐地；还有人说徐福的故里在山东的龙口市，但是这一切已无从查证。

不管徐福这个人是否真的存在过，他的事迹是否真的发生过，都无法阻止人们去崇拜他、怀念他。5月18日，是龙口市徐福文化节。这一天，人们会来到徐福的故里参观、游览，以此来纪念我国伟大的航海家——徐福。

龙口市徐福文化节

⊙古今评说

虽然航海家徐福东渡为秦始皇寻找长生不老药的故事，至今仍是一个无法解开的谜团，但是，无论在中国、日本、韩国还是其他地方，人们都在深深怀念着徐福。在这些地方流传着徐福教当地人种水稻、凿水井、制造农具、传播医药和纺织等技术的故事。其中，不得不提到我们的邻国日本。徐福为日本的人们带去了先进的生产技术，将日本从原始社会推向了奴隶社会，促使当时的日本发生了天翻地覆的变化。虽然两千多年前那次复杂的东渡之旅让徐福如履薄冰，却促成了中、韩、日三国友好交流，他所作出的巨大贡献让世人永远铭记。

徐福东渡起航处

海外取经求法的法显

⊙ **追本溯源**

我国历史上曾出现过这样一位航海家,他航海出游不是为了寻找灵丹妙药,也不是为了寻找新的陆地,他的真正目的是到天竺国(今印度),向当地的高僧学习更多有关佛教的知识,并且将那些精华之作带回中国,这个人正是我国第一位到海外取经求学的大师——法显。

法显

法显是我国东晋时期平阳武阳(今长治襄垣)人。他是我国佛教史上卓越的革新人物,也是我国杰出的旅行家和翻译家。

东汉时期,佛教开始传入中国。作为一种外来宗教传入中国这个文化传统迥异的国家,势必要与当时的传统文化发生冲突,但经历多年的摩擦、适应,两者已经开始慢慢融合。到了东晋时期,佛教已经深深地融入中国文化。当时,北方的统治者都是少数民族,崇信佛教,大力扶植佛教。后来,战乱导致许多北方的达官贵人、文人学士甚至还有一些部落的统治者纷纷逃向南方,这些人也崇信佛教,佛教因此在南方得以大力发展,立足中国。

随着佛教在我国的盛行,很多来自西域和其他地方的僧人也来到我国,僧寺和僧尼数日益增多,这就产生了一个关于寺庙管理的问题;外来的僧人虽然带来了丰富的佛教文化,但是我们并不能参透其中的深意,不能为我们所用。为此,中国僧人掀起了"西行求法"的运动。

法显便是这"西行求法"者中的一员。东晋隆安三年(399年),法显从

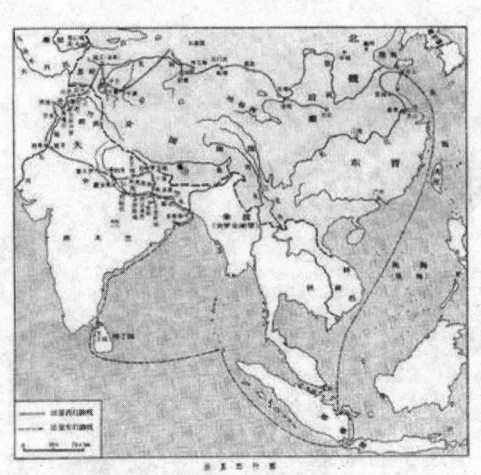

法显西行路线图

长安（今西安）出发，途经河西走廊、今塔克拉玛干大沙漠等地到达天竺国（今印度）。后又穿过尼泊尔南部至东天竺境内，并在那里利用三年的时间学习梵书佛律。与法显同行的还有其他几位僧人，但他们有的已经死了，还有的留在了天竺，只有法显一人通过海路返回了中国。回国途中，他曾坐商船到师子国（今斯里兰卡）并在那里待了两年，其间，法显又获得了一些经书，并于两年后再度乘商船东归，中途在耶婆提（今苏门答腊岛或爪哇岛）换船北行。在今山东半岛南部的崂山附近登陆，由海路改为陆路。义熙九年（413年），法显到达建康（今南京），历经四余年的航海之旅终于告一段落。义熙十年（414年），他把历时15年远赴天竺的旅行经过记录了下来，并于两年后又进行添加整理，这本书就是流传至今的《法显传》。现存较早的版本是宋朝藏本。

⊙ 趣味链接

法显共有三个哥哥，但都不幸夭折。法显的父母担心法显也会遭遇不幸，便将只有3岁的法显送去了佛寺做了小和尚。法显10岁时，他的父亲去世了，他的叔父考虑法显的母亲一个人孤苦伶仃，很难生活，便劝法显还俗与母亲共同生活，但是当时的法显对佛教的信仰非常虔诚，因此放弃了还俗的念头。

有一次，法显和好几个伙伴在田中割水稻，忽然来了一群人来抢他们的粮食。其他人害怕地逃走了，但法显却依然站在那里没有离开。他对那些抢粮食的人说："如果你们想要粮食就随便拿吧！只是你们现在的贫穷是你们不愿意帮助别人造成的。如果你们现在还要抢粮食，恐怕你们下辈子也还是会像现在一样贫穷的,我真的很为你们担心啊!"说完,法显从容地离开回到了寺里。而那些抢粮食的人听了法显的一番话后竟被他说服,便留下抢来的粮食离开了。这件事过后,寺里的僧人都对法显敬佩不已。

法显在20岁时受了大戒(和尚成年后,为防止身心过失而举行的一种仪式)。自此以后,法显对佛教的信仰之心更加虔诚、坚定,做事也更加严谨,在当时享有"志行明敏,仪轨整肃"的美誉。

⊙古今评说

在法显之前,西行求佛的僧人中几乎没有人真正到达过印度。法显不仅成功到达印度,而且他从印度带回国的佛教戒律,更是为当时中国的佛教发展起到了极大的促进作用。法显通过对佛教的宣扬,鼓励人们能够虔诚地信奉佛教,让他们心存善念,在不影响社会进步的同时让社会变得更加和谐、美好。

也许你、我或者更多人都不曾知道法显的存在,但是,他为中国佛教文化所做出的贡献是永远无法磨灭的。读了这个故事,请你不要忘记那些许许多多像法显一样为中国的发展进步付出努力的人们,让我们向他们致敬!

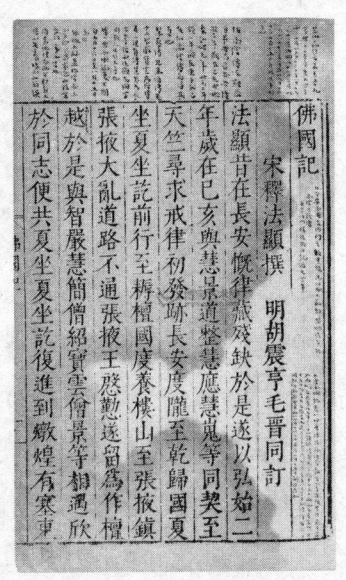

《法显传》又称《佛国记》

东瀛传法的"过海大师"

⊙ 追本溯源

鉴真,俗姓淳于,扬州人,是我国唐朝的高僧,也是日本文化发展的"大恩人"。唐朝时,鉴真曾经去日本传法,被称为"过海大师"、"唐大和尚"。

鉴真生于唐垂拱四年,从小就很喜欢钻研各种学问,14岁在扬州大云寺出家,潜心研究佛学经典。20岁时,鉴真曾跟随他的老师道岸律师游学洛阳和长安,之后巡游了两京。鉴真对于律藏的研究,造诣颇深。当时唐朝是亚洲的政治经济和文化中心,鉴真所处的时代和环境,使他具有丰富的国际知识和远大的眼光。

鉴真

日本天平五年,日本僧人荣睿,普照两位高僧受日本佛教界和政府的委托,请鉴真去日本传戒,当时鉴真有弟子劝他不要去,觉得到日本去路途遥远,沧海险恶,百无一至。而鉴真认为,为了传扬佛法,何须爱惜生命。天宝元年,鉴真毅然决定东渡日本,但是由于地方官员阻挠和海上的风浪险恶,先后四次都未能成功出行。以后因劳累过度加上南方炎热,鉴真患上了眼疾导致失明,但这一切并没有使鉴真退缩。机会终于来了,753年,日本"遣唐使"藤原青河一行在回国时,再次请他东渡,一个多月后,鉴真终于抵达日本。

鉴真在日本受到朝野盛大的欢迎,他为日本天皇、皇后、太子等人授菩

鉴真东渡图

萨戒，为沙弥证修等440余人授戒，为80们僧舍旧戒授新戒，从此以后日本有了正式的律学传承，鉴真被尊为日本律宗初祖。756年孝廉天皇任命他为大僧都，统理日本森佛事务，759年，鉴真及其弟子设计修建了唐招提寺，此后即在那里传律授戒。

鉴真到日本之后，除了讲律授戒，还积极进行医药活动。虽然中医药知识及医药典籍在隋唐时期就已相继传入日本，但日本人对于鉴别药物品种的真伪、规格、好坏尚缺乏经验。鉴真虽然双目失明，还是利用了鼻子的嗅觉、舌头的味觉、手指的触觉将有关药物的知识传授给日本人，并将药物的收藏、使用、配制等知识也都传授给了日本人。

⊙ **趣味链接**

鉴真刚刚出家时，住持让他做一个行脚僧，行脚僧是指无固定居所，或为寻访名师，或为自我修持，或为教化他人，而广游四方的僧人。

每天鉴真都很勤奋地做着住持交给他的工作，并且做得很好，但是他不明白为什么住持会让他做寺里最苦最累的工作，并且一做就是两年。鉴真心里有点不平衡。于是有一天，日上三竿了鉴真依旧大睡不起。住持推开鉴真的房门，看到床边堆了很多破烂的瓦鞋，觉得很奇怪，就叫醒鉴真问："你今天不外出化缘，堆这些鞋在这里做什么？"

鉴真说："别人一年都穿不破一双瓦鞋，我才出家一年多，就穿烂了这么多鞋。"

住持听了之后笑了笑，说："昨天夜里刚下了一场雨，你跟我到寺前的路边走走吧。"

寺前是一座黄土坡，刚下过雨，路面很泥泞，住持问鉴真：是想做一名普通的僧人，还是做一个能传授佛法的高僧，鉴真说自己想做传授佛法的高僧，住持捻须一笑，接着问："你昨天是否在这条路上走过？"

鉴真说当然走过，住持问："你能找到你自己的脚印吗？"

鉴真不解地说："昨天没下雨，这路平坦坚硬，我怎么能找到自己的脚印？"

住持又问："那今天我们在这条路上走一遍，你看看能找到你的脚印吗？"

鉴真说："当然能找到。"

住持微笑着拍了拍鉴真的肩膀，说："泥泞的路才能留下脚印。"鉴真愣了愣，马上明白了住持的教诲，顿时开悟了。

⊙古今评说

鉴真是在盛唐文化中培育出来的人物，他东渡日本，不仅传律授戒，还面授医药知识，使日本人真正掌握了辨识药品的知识，开辟了日本的医药之道。14世纪以前，日本医道把鉴真奉为医药始祖，直到德川时代，日本的药袋上还贴有鉴真的图像，可见鉴真对其影响之深。

唐招提寺

鉴真及其弟子用汉语讲经，加强了中日语言文化的交流，同行弟子有的擅长雕塑、绘画、建筑等，为传播唐文化，对中日两国人民的友好关系和文化交流作出了巨大贡献。鉴真以及弟子修建的唐招提寺建筑群，采用了唐朝最先进的工艺，体现了唐朝建筑的特色，是日本现存天平时期最大最美的建筑。鉴真及其弟子带去的王羲之王献之父子真迹，至今仍影响着日本人民对中国书法艺术的认识。

中国航海史上的明星

⊙ **追本溯源**

在我国的航海史上,郑和是一位响当当的人物。他出生于1371年,是云南昆阳人,原名叫作马三宝。在他10岁那年,明朝的军队攻打云南,被俘入军营之中。后被阉割成太监,又辗转送至朱棣的燕王府。就这样,少年马三宝一直待在朱棣身边,跟随他南征北战,为朱棣皇立下了汗马功劳。所以,朱棣一直把他当作心腹。

1404年,昔日的燕王朱棣已经成了明成祖。他见自己的心腹"三宝太监"因为姓马而不能登入三宝殿,于是,就赐他以"郑"为姓,并改名为"和"。在我国古代,赐姓是一种至高无上的荣耀,而宦官被赐姓更是绝无仅有。由此可见,永乐大帝是多么倚重与信任郑和呀!

郑和

可是,人们不禁又纳闷了:一个生在云南的小孩怎会来到万仞高墙之内的皇宫中呢?在明朝那样复杂的政治格局中,一个宦官又如何会受到永乐大帝的青睐而脱颖而出呢?究竟是怎样的原因成就郑和一世英明的航海生涯呢?

这些渊源,我们还得从元朝初年开始说起。当时,郑和的祖先刚移民到云南,并成为云南王麾下的贵族,在当时被称为"色目人"。郑和的家人世代信奉伊斯兰教,家人都富有冒险精神,他的祖父和父亲都曾经跋涉千里,去朝觐麦加,因而受到了当地百姓的尊敬。由此可见,郑和骨子里就有一股"冒险"因子,而且是天生的。

公元1381年,明朝开国皇帝朱元璋为了消灭盘踞在云南的元朝残余势力,派手下大将蓝玉、傅友德等率领大军30万进攻云南。在这次战争中,年仅10岁的郑和被明军所俘,并惨遭阉割,在军中充当了一名秀童。后来,几经辗转,郑和又随着大部队进入了南京宫中。在14岁那年,他被分配到了北平燕王府。燕王朱棣见他聪明伶俐,便把他留在了身边,成为自己的亲信。为了提高郑和的文化水平,朱棣还挑选了几位学识丰富的官员到府中来给郑和授课,而且还让他随意阅读府中的藏书。就这样,天资早慧、勤奋好学的郑和很快就成了一名学识渊博之人。

永乐大帝朱棣

郑和身材魁梧,才思敏捷,知识渊博,深得朱棣的器重。后来,朱棣做了皇帝,郑和也被升迁为"内官监太监",这在当时相当于正四品官员。所以,郑和也被称为"三保太监"。

⊙趣味链接

郑和曾七次出海,在出海的过程中,也发生过许多故事。例如,在第一次出海的归途中,经过旧港时,他就遇到了一件非常麻烦事——被海盗给盯上了。

当时,旧港有个名叫陈祖义的海盗头目。他占岛为王,聚集了一支规模颇大的海盗队伍,专门抢劫过往船只的财物。这一次,陈祖义听说郑和的船队携带了大批宝物,于是他心里头痒痒的,便与同伙合计着,打算表面上准备迎接,实则趁郑和不备时动手抢劫。

但不想,他的这个计谋被当地人施进卿得知了,施进卿就偷偷地找人把这件事告知了郑和。郑和听说后思索着:我们有两万兵士,还怕你区区的小小海盗不成?既然你吃了熊心豹子胆想要偷袭,就非得给他们点颜色瞧瞧。郑和下命令把大船散开,在旧海港口的地方停泊下来,并下令船上的士兵准备好火药和刀枪,严加把守。

很快就到了夜里,海面上风平浪静的,看上去很平静。这时,陈祖义带领了一群海盗乘着几十艘小船向港口驶来,正准备偷袭之际,只听到郑和的指挥船上一声火炮响了起来,周围的大船聚集过来,把陈祖义的海盗船团团围住了,打得大败。士兵们丢下火把,把海盗船尽数烧了。陈祖义无处可逃,只好乖乖地做了俘虏。

⊙ **古今评说**

郑和是我国航海第一人,也是世界历史上杰出的航海家之一。郑和在航海、外交、军事、建筑等很多领域都体现出了卓越的智慧与才能。多年的军

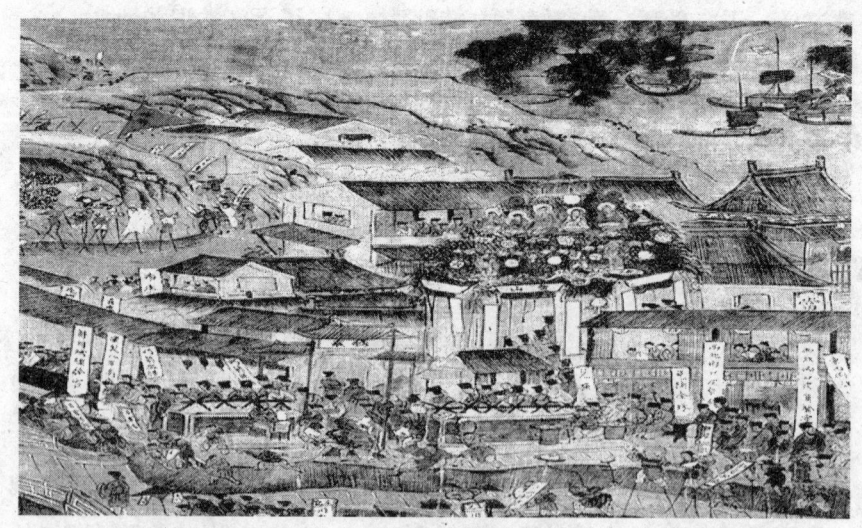

郑和下西洋

旅生活，也使郑和的军事才能得到了历练。他既能运筹帷幄，又可以上阵杀敌，是一位不可多得的军事人才。而他的军事才能则是他取得其他成就的基础，在其航海上也起到了巨大的作用。

郑和使团的"巨人"

⊙ 追本溯源

明永乐七年,郑和第三次下西洋,而出生在昆山,成长于太仓的明朝普通士兵费信也一同下西洋。

费信,字公晓,自幼家境贫寒,但年少好学,刻苦学习,终于自学成才。费信知识渊博,当时在明军太仓卫服役。他在编撰的《星槎胜览》一书自序中说自己"志笃而好学,日就月将,偷时借书而读"。他不仅通晓中国文化,还精通阿拉伯文,掌握了一定的对外贸易、外交和航海知识。明永乐七年在郑和第三次下西洋时,费信被选为使团文书,曾三次随郑和出行。费信在郑和船队中担任通事和教谕之职,通事是外事翻译,进行不同语种和文字的翻译,教谕则是负责教化番人,传播中华文化。费信在郑和使团中身兼两职,是郑和的得力助手。出行途中费信不辞劳苦,细心观察,把途中的所见所闻以及亲身经历都一一写进了《星槎胜览》一书中。

费信

星槎胜览

《星槎胜览》写于正统元年，所记录的西洋各国家地区数量最多，达45个。他记录了各国的政治、经济、历史、地理以及社会生活和风土人情，书中详细记载了沿途的航线和日程，如"中国至占城，海舶从福建五虎门开洋，张十二帆，顺风二十昼夜可至"；记录了航行沿途的山形水势，如提醒远航船队在经过中南半岛海面的昆仑山时，应该注意避险；还记录了西洋人民对中国人民的尊重以及对中国文化的热爱，如记浡泥国人"凡间唐人在其国，甚有爱敬，有醉者则扶归家宿，以礼待之若旧故"。记暹罗国有道士"诵经持斋，肤色略似中国之制"，琉球国人"能习中国书，好古画、铜器，作诗效唐体"。从侧面反映了中华文明在域外的影响，并且说明了中外文化有着密切的交流和联系。

费信功绩卓越，据官史及费信本人记述，明朝船队"下西洋"航海前后共有七次，驶及现在文莱国以西的南洋各国、印度洋及红海沿岸一带，到过包括中南半岛、南洋群岛、孟加拉、斯里兰卡、印度、伊朗、阿拉伯和土耳其等地区的三四十个国家，将丝绸、瓷器以及多种中国工艺美术品销往船队所到之地，并转流向更远的非洲、欧洲各地。这从而扩大了我国同这些国家的经济文化交流，进一步增进了中国人民与亚非欧人民之间的友谊。

⊙ **趣味链接**

费信是回族人，出生于一个穆斯林世家，因此精通阿拉伯文字。费信的哥哥到太仓卫服兵役，不幸去世，费信14岁就代兄从军，一边服役一边读书。郑和使团招聘文职人员，费信以"首选"录取了，当时22岁。在海上航行时，费信喜欢将一路上的见闻记录下来，这成了费信下西洋必做的事情。下西洋结束后，他回到了昆山整理文稿，通过两年撰写，完成了《星槎胜览》和《天心纪行录》，但是《天心纪行录》已丢失。

《星槎胜览》记载了各地的风土人情，体裁是"列序分咏"，就是每节一段记述一首诗。分前集和后集，前集记载费信亲眼目睹的情况，后集采辑旧说和传闻，目的是进呈朝廷，供皇帝御览，"以备采纳"。所以《星槎胜览》有

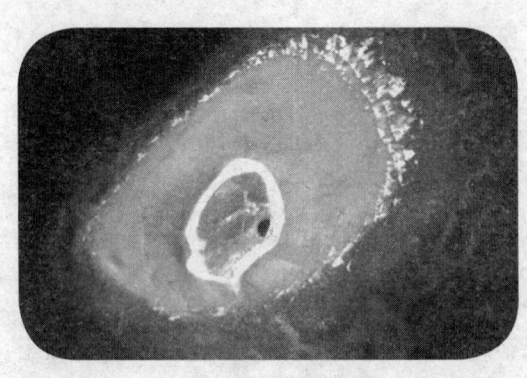

费信岛

三个版本：二卷本为进呈本，四卷本为费信自己改编的通行本，还有是后人校刊的一卷本。

费信是昆山人，昆山和太仓就隔了一条河或者一条路的距离，费信去世后，被安葬在太仓，他临终时希望靠大海近一点，离生前的海上历程更近一点。

我国南沙群岛众多美丽的岛屿中有一座岛，位于北纬10°49′，东经115°50′，这就是"费信岛"，是人们为了纪念这位了不起的航海家而命名的。

⊙古今评说

费信所编撰的《星槎胜览》，记录了所行国家的位置、沿革、重要都会、港口、山川地理形势、社会制度和政教刑法，人民生活状况、社会风俗和宗教信仰，以及生产状况、商业贸易和气候、物产、动植物等都做了简明扼要的叙述，并且补充了《瀛涯胜览》中所未收录的若干亚非国家，对于研究15世纪初亚非各国的基本情况非常有价值，书中对郑和访问各地时的一些情况也做了比较翔实的记述，是研究郑和下西洋和中西交通史的基本史籍之一。《星槎胜览》对地理物产以及航海知识的记载，丰富详尽，补充了前人记述之缺，开阔了人们观察世界的视野。《星槎胜览》还详细地描述了天方国即麦加的圣殿、黑石等结构形状，为人们了解佛教、伊斯兰教的传播保存了宝贵的资料。

七下西洋的记录者

⊙追本溯源

在郑和下西洋的船队中,有一位叫巩珍的南京人,是我国明朝初年伟大的航海家。他撰写的《西洋番国志》,为研究郑和下西洋史事以及明初我国的航海事业提供了重要的材料。

巩珍号养素生,明朝应天府人。他和同行的费信一样,是士兵出身,后来被升为幕僚。他从小就常听人传颂郑和下西洋的盛事,并且对航海也心生向往,还曾和小伙伴们一起到下关江边迎接郑和的船队,在他十六七岁时,终于有机会跟随郑和第七次远航。他曾随郑和先后访问了占城、爪哇、旧港、满剌加、苏门答腊、锡兰、古里及忽鲁漠斯等20余个国家,历行3年才平安返回南京。在远航期间,巩珍对路途中的山川

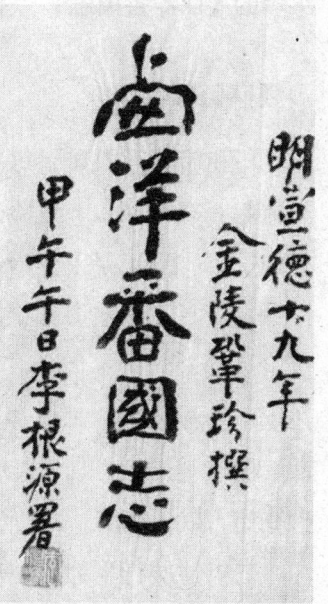

西洋番国志

形势、人物风俗以及物产气候等都做了很详细的记录,并写进了他的《西洋番国志》一书中。如《西洋番国志》中记载:在暹罗国,"中国宝船到,亦遣小船到水上买卖";在满剌加国,"中国下西洋舡以此为外府","各舡并聚,又分宗次前后诸番买卖";在溜山国,"中国宝船一二只亦到彼处,收买龙涎香、椰子等物";在柯枝国,"名称哲地者,皆是财主,专一收买下宝石、珍珠、香货之类,候中国宝船或别国番船客人来买"等,在祖法儿国,"中国宝船到彼,开读赏赐毕,其王差头目遍谕国人,皆将乳香、血

竭、芦荟、没药、安息香、苏合油、木别子之类来易苎丝、瓷器等物"；在阿丹国，"开读毕，国王即谕其国人，但有珍宝，许令卖易"；在天方国，"买到各色奇货异宝，麒麟、狮子、驼鸡等物，并画天堂图真本回京"。记载了当时盛极一时的海上国际贸易。

《西洋番国志》与马欢撰写的《瀛涯胜览》及费信所撰的《星槎胜览》，并称为记载郑和下西洋史事的三部最初史料，为研究郑和下西洋史事以及明朝我国的航海事业提供了重要资料，而《明史·外国传》主要是依据巩珍的《西洋番国志》一书修改编撰。

⊙ 趣味链接

郑和船队下西洋，每次都要"涉沧溟十万余里"，航行中也常常是"烈风陡起，怒涛如山，危险至极"，但是巩珍却依旧无所畏惧，不仅克服了航行的困难，还记录下了沿途航行的路程、山水形势等珍贵资料以及运用罗盘浮针，牵星过洋航海知识。例如："惟观日月升坠，以辨西东，星斗高低，度量远近，皆斫木为盘，书刻干支之字，浮针于水，指向行舟。"巩珍还描述了下西洋宝船："体势巍然，巨无与敌，篷船锚舵，非而两三百人莫能举动"的壮观景象，以及船队每停泊一处，需及时"汲取淡水，水船载运，积贮仓储，以备用度。斯乃至极之物，不可暂驰"。

三年的航行生涯，使巩珍终身难忘，晚年巩珍曾登上下关狮子山夜眺，忆起往昔曾随郑和船队访遍异国的情形，心潮澎湃，唏嘘不已，不由得写下了《卢龙山夜眺》一诗：

"北斗挂城头，长江日夜流。狮王蹲不动，鲸吼海天秋。"

在岛礁星罗棋布的南海南沙群岛，坐

巩珍礁

落着一座岛礁，处于北纬10°43′，东经116°10′，它就是巩珍礁，是后人为了纪念巩珍而命名的。

⊙古今评说

巩珍随郑和下西洋，先后访问了20余个国家并记录下了途中的所见所闻，写进了《西洋番国志》一书中。《西洋番国志》全书20则，它的价值表现在：一方面在于比较、勘对以及补充了其他书中没有的资料，另一方面在于独有的巩珍自序和卷首收有未见于其他书的皇帝敕书三通。《西洋番国志》也具有世界性意识，记载了中外交通的历史和中国人移居海外与当地的居民友好相处的史实；记载了中华文化在海外传播并且备受尊重的情形，体现了中外文化交流的密切；记载了中外贸易往来的盛景，体现了中国与西洋各种经济发展的互惠互利；并且还记载了各种社会制度、军事、法律，以及各国的农业、手工业生产和经济活动等方面的情况。《西洋番国志》是记录郑和下西洋最早的文献之一。

巩珍不畏风险，不仅克服了航行的困难，还记录下了沿途航行的珍贵资料，为中国的航海事业以及中国文化史作出了巨大的贡献。

郑和身后的英雄

◉ **追本溯源**

　　马欢是我国明朝会稽（今天的浙江绍兴）人。也许很多人并不认识他，的确，与郑和这位大名鼎鼎的中国航海第一人相比，马欢就显得黯然失色了。但是事实上，马欢也是我国一位伟大的航海家。

　　马欢字宗道，别名又叫马观。他的别字叫作汝钦，号会稽山樵。马欢是一名天方教（也就是现在的伊斯兰教）教徒。从小，马欢就很喜欢阅读那些记载着世界各国地理、人文风情和气候的书籍。他在自己写的书《瀛涯胜览》的序言中就说过："余昔观《岛夷志》，载天时、气候之别；地理人物之异，慨然叹：普天之下何若是之不同耶？"从这句话我们可以强烈地感受到他游列各国的强烈的心愿。成年之后，作为明朝监察御史的刘弘就把马欢称为"奇迈之士"，钱塘马也尊敬地视马欢为"才干优裕"。

　　1413年，也就是明成祖永乐十一年，郑和正准备第四次的下西洋。这次他打算邀请一些编年史家一起航行，其目的是希望他们可以把自己的航海冒险经历记录下来。当时的马欢已经是一位名气较大的编年史家，他不但文学素养深厚，阿拉伯语言和文字也十分精通。更巧合的是，他和郑和都是回族人，并且两人所信奉的都是伊斯兰教，所以郑和就在第一时间选上了马欢。马欢就跟随郑和下西洋，当时郑和的船队的船只就已经拥有将近300艘，船员

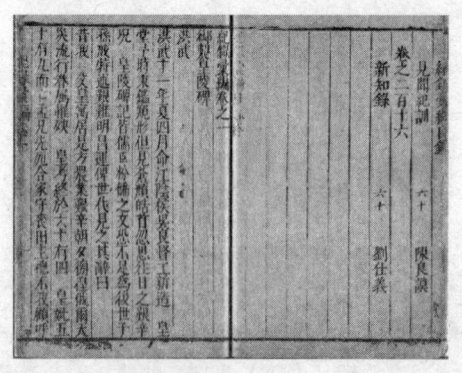

瀛涯胜览

也达到27 000多人，这次航行，一共到达了十多个地方：先后是越南南部的占城；印尼的爪哇（旧称阇婆），巨港（旧称三佛齐），苏门答腊（旧称苏门答剌）；斯里兰卡（旧称锡兰）；印度的柯钦（旧称柯枝），卡里卡特（旧称古里）；马尔代夫（旧称溜山，又名弱水）；伊朗的霍木兹（旧称忽鲁谟斯）和非洲红海口的埃及（旧称米息）。这些航海根据点都被马欢仔细地记录了下来。他用一大段长长的诗句记录了郑和船队不畏艰难险阻英勇的和大海搏斗的伟大精神，同时也抒发了对祖国强大的自豪情怀。

从此之后，马欢就成为了郑和的一名得力助手，并被赋予了通士的身份。马欢参加了郑和后来的三次下西洋的航海之旅，实现了自己多年以来游历各国和航游大海的美好梦想。

⊙ 趣味连接

1421年，马欢第二次跟随郑和的船队下西洋，这也是郑和的第五次下西洋之旅。当时船队出海不久，就遇上了恐怖的台风，由于台风太过威猛，郑和和马欢等人就决定先把船队停留在台湾基隆（以前他们称作鸡笼山）躲避台风。在台湾躲避台风的这段时间，精通当地"番语"的马欢就和高山族人们友好地交流并且受到了当地人们的热烈欢迎。马欢对这些同胞十分关心，还把船上的大陆土特产送给当地的高山族人们。同时，马欢还赠送给当地人们每人一枚铜铃。当地人们以为这是皇帝赐给他们的东西，十分珍惜，并用铜铃作为辟邪物。马欢和队员们同时还观察到，这些高山族的人们常年生活在山高水冷的地方，很容易生病，所以就把生姜驱寒祛湿的作用教给大家，并且还交给他们很多生姜防病和调味的知识。离别之前，马欢还亲自把生姜种植在这片土地上，从此，生姜就大量地在台湾繁殖并被广泛使用。

⊙ 古今评说

马欢前后跟随郑和下西洋一共四次，他运用自己丰富的航海知识和智慧，把每次航海过程中的所见所闻一一记录了下来，为中国的航海史作出了巨大的贡献。马欢不仅是一个航海家,还是一位出色的历史记载学者。如果没有他完美的文笔和极其缜密的思维,我们今天也看不到郑和当年下西洋的伟大奇遇。他作为郑和下西洋的一名得力的助手,尽到了自己的职责。如果说郑和是下西洋的第一人,那么马欢就是记载西洋故事的第一人。

马欢岛

来自民间航海者

⊙ 追本溯源

汪大渊,南昌人,字焕章,是元朝一位著名的民间航海家。他出生于1311年,从小聪明好学,很受父母喜爱。父母一直都非常重视对他的教育,希望把他栽培成才,所以把他的字取为"焕章"。最后,汪大渊也真的没有辜负父母对自己的期望,成为了世界闻名的伟大航海家。

1330年,汪大渊20岁时,就开始了自己充满传奇的航海生活。当年,他先游历了中国最大的商港泉州,由此便一发不可收拾。最后他跟随当地船商的队伍,第一次在泉州搭乘当地船商的大船出海航行。在这一次航行中,他们一共经历了占城、马六甲、爪哇、苏门答腊、印度、波斯、缅甸、埃及、阿拉伯、摩洛哥等世界著名的地方和国家。这一次的航海之旅,来回一共用了五年的时间!1337年,汪大渊又再次从泉州出发,途中到达了南洋群岛、

汪大渊

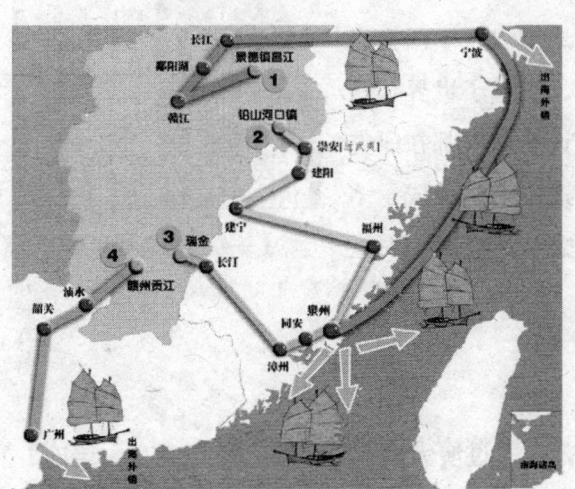

汪大渊远洋商船航线

波斯湾、红海、地中海、非洲莫桑比克海峡及澳大利亚等地，最后在1339年才正式返回泉州。

在第二次的航海归来之后，汪大渊的神奇航海经历就被传遍了泉州，当时泉州正在修整郡志，当地官员为此找到汪大渊，希望邀请他为自己的航海见闻写下一本航海志。于是，汪大渊应了官府的请求，开始慢慢地整理自己的手记。他把自己两次航海所见到的奇风异俗和各个国家的社会经济都写成文章，完成了著名的航海志《岛夷志略》。泉州的地方官和当时主修郡志的人们当时一看到这本书就大加称赞，并且强烈要求把《岛夷志略》收入《泉州路清源志》中。后来，汪大渊回到了自己的故乡南昌，把这本书大量印行，使之广泛地流传。但是在元末的兵荒马乱之中这本书大部分都散失了。到了明朝，原本失传了。

据计载，《岛夷志略》一共分为100条，其中的99条都是汪大渊自己亲身经历的经验。条例中记载到的国家和地区多达220个，详细地记载了各地区各个国家的风土人情、贸易和物产，这是一本不可多得的宝贵历史资料，书中还记载了澎湖和台湾是我国神圣领土的一部分。这本书为此后人们研究元朝海道诸国历史、地理以及中西交通等都有着不可或缺的参考价值，引起了世界强烈的重视。直至1867年，西方的许多学者都在研究汪大渊的这本航海志，并且把这本书翻译成了多种文字流传，由此更加让世人公认了汪大渊对世界历史和地理所作的伟大贡献。

《岛夷志略》刊印本

⊙ **趣味连接**

据说，汪大渊在航海时还曾经去过澳大利亚，还在书中记载过。当时，汪大渊去的是澳大利亚达尔文港以东的地方，那是一片沼泽地，周围都是水，茫茫的一片就像一片水上世界。他一直在澳大利亚的周围航行。他到澳大利亚的西北部时，发现到处都是高峻的海岸，海岸上面居然布满了肥大的牡蛎，千千万万只肥大的牡蛎"有如山立"，被震撼了。最后，他一直航行来到澳大利亚北部西岸的安亨半岛，还有高达800米的基培利台地，这里更是无比壮观，各种各样的山峰奇怪各异，就好像千万只天马在疯狂地奔跑着。澳大利亚这个地方当时还是没有被发现的新大陆，汪大渊也是第一次来到这个充满奇幻的地方，怀着对这块大地的强烈好奇心，既惊又险地围着它航行了一周。根据考究，汪大渊记载的这些都是真实无误的。

⊙古今评说

汪大渊写的《岛夷志略》是一本伟大的地理著作，它的重要性远远地超过明宋时期的《诸蕃志》《瀛涯胜览》等著作。汪大渊曾经说："所过之地，窃常赋诗以记其山川、土俗、风景、物产。"唯一遗憾的是，在汪大渊传奇的一生中，除了在他青年时期惊险的航海经历和所写的《岛夷志略》中能找到他的身影之外，再也找不到他中年和晚年的印迹，也没发现他中年和晚年的著作。但是，他对世界历史地理的贡献依然是无可替代的。

现代航海第一人

⊙ 追本溯源

如果我们看过2009年度《感动中国十大人物》，相信一定会对一个人的名字记忆犹新，他就是中国现代航海第一人——翟墨。

翟墨是一名著名的艺术家和航海家。1968年，他出生于山东新泰，自2000年开始，就多次独自一人驾驶帆船

翟墨

开始了自己的航海经历。他访问的主要地区是南太平洋附近的岛国，为进行艺术和文化的考察，还举办了个人画展。

2007年1月到2009年8月，他更是作出了一个让世人惊叹的举动；独自驾驶帆船完成了环球航行一周！他用了两年半的时间，向世人证明自己是名副其实的单人无动力帆船环球航海的中国第一人。

翟墨大学毕业后，成为了一名印象派油画家，一直都过着安分守己的生活。直到1999年，他在一次偶然的机会中接触到了帆船，此后便一发不可收，对帆船产生了深厚的兴趣。当时，颇有名气的翟墨正在新西兰国家艺术中心举办个人画展，当时，当地主办方突然提出一个建议，希望他可以帮忙拍摄一部关于航海的电影。在拍摄的过程中，翟墨认识了一位挪威航海家，从中他了解到原来那这位航海家是因为在航海中躲避南太平洋的季风而暂时把船停靠在此地。和挪威航海家的交谈，翟墨内心的不安分被激发出来。他在那一天才真正明白，原来航海才是自己最向往的生活方

式。通过航海去发现艺术本源的想法，立刻在他的脑海里浮现出来。

但是翟墨知道，自己这个兴趣并没有想象中那么容易实现。航海巨额的费用就是一个难以解决的问题。于是，他去拉赞助商，但是最后都以失败告终。因为很多厂商都认为这是一项风险很大的活动，失败的概率太高。最后翟墨决定用自己卖画所挣回来的钱作为经费，毅然开始了自己的航海旅程。

2000年，翟墨自驾着帆船把新西兰环游了一周，去了解当地波利尼西亚的土著文化，航海回来之后，在奥克兰艺术中心举办了第一次航海后的第一个画展。2001年9月，他再次出发，用了两年多的时间完成了在南太平洋附近岛国的航行。

然而，那并不是翟墨航海梦想的终点。2007年，他策划并实践了自己环球航行一周的目标。两洋多的时间，翟墨从中国的日照开始，一共环游了15个国家、岛屿和地区，航行的距离超过28 300海里，成为了中国第一个无动力帆船环球航行的英雄。

2009年，他被当选为感动中国十大人物之一，颁奖辞是："古老船队的风帆落下太久，人们已经忘记了大海的模样。600年后，他眺望先辈的方向，直挂云帆，向西方出发，从东方归航。他不想征服，他只是要达成梦想——到海上去！一个人，一张帆，他比我们走得都远！"

翟墨感动中国领奖

⊙ **趣味连接**

在翟墨数不清的航海惊险经历中，他遇到过很多很多的危险时刻。其中有一次，他突然碰上11级飓风和深海地震。当时，所有的船舱都被海水淹没了，船帆也被刮得残缺不全。翟墨也受伤了，脚上被划破了一道深深的口子。当时的天色都已经发黄，海全都是黑灰色的，翟墨突然意识到，自己正处在生死攸关的时刻，他很有可能就因为这次航海而失去生命！但是在一阵慌乱过后，他镇定地控制好了情绪，尽可能地让自己什么都不想，不畏惧。被困在一个两平方米的甲板上，翟墨完全无法把握下一秒是生还是死。他一直坚持着，直到风浪慢慢地减弱，才抓住机会挣扎着爬了起来，到船舱里面找到医药箱，给自己的伤口打了麻药，缝了针，最后才保住了性命。

⊙ **古今评说**

翟墨用自己的环球航行向世人证明，中国人已经结束了郑和下西洋之后600多年的无人闯海的历史。这不但是属于翟墨自己的骄傲，也是全中国人民的荣耀。他驾驶的无动力帆船，永远都悬挂着一面中国国旗，他用自己的行动去向世界证明：我们中国人也是有勇气和豪情去面对大海的！我们中国人也是有着信念和智慧的！他的这一事迹充分体现了中国人自强不息的民族精神！

翟墨独自驾驶着"日照"号无动力帆船

四、日新月异的中国造船业

史前刳木为舟

⊙ **追本溯源**

刳木为舟，就是把一根大原木的中间掏空做成独木小舟。

在遥远的古代，也许因为一个偶然的因素，比如某个地方发了洪水，人们在求生的过程中，抱住了河里的木头得以生还。所以，人们发现河里的木头总是会浮在河面上，树干越粗大，其所能承受的重量也越大。这也许是人们制造船的灵感的开端。但人们还发现，圆柱形的树干在水里会翻滚，人在上面坐立不稳，所以人们就用工具将圆圆的树干削平，然后把里面掏空，再放到水里时，就成了一个简易的独木舟了。

再后来，人们发现，用火比石斧加工木材更为方便。于是，人们将树干上不需要挖掉的地方都涂上厚厚的湿泥巴，然后用火烧掉要挖去的部分。这样被烧的部分就被烧成炭，炭的质地非常疏松，于是人们再用石斧砍去烧焦的炭，独木舟就制作成功了。

关于独木舟出现的历史，《易经》中有关于"刳木为舟"的记载。1958年，江苏武进县出土三条独木舟，长11米，宽0.9米，高0.55米，据考证是春秋战国时的独木舟。

中国古代的独木舟有三种：第一种是平底独木舟，底是平的，头尾是方的，没有起翘。第二种是尖头方尾独木舟，它的头部尖尖的，向上翘起，尾部是方的，底也是平的。第三种

刳木为舟

是尖头尖尾独木舟,舟头翘起,底部也是平的。

根据史书上的记载,有些少数民族把独木舟叫作"快马子"船,长有6米多,能坐下一人的宽度,平口圆底,两头尖并微上翘;船桨长3米,中段是手握的桨把,两端是桨叶板,用时左右交替划行;这种船小的只载一人,大的可坐五六人。清朝初年在东北林区就很流行独木舟,满人叫它"威呼"。乾隆皇帝在东巡盛京时,曾两次赋诗,称赞这种独特的水上交通工具。后来人们把"威呼"并连,称为"对子船",用来在涨水的季节运送车辆和货物,比单独的船平稳。在封冻和冬季,人们把"威呼"搬到岸上,有人还用来做喂马的槽子,真是一举两得。

独木舟不是中国独有,国外一些地区也发现了不少的独木舟。人们在瑞士发现了新石器时代的独木舟。印度有种独木舟,其船侧装有可以放置货物的横木板。印第安人

波利尼希双体独木舟

的独木舟和波利尼希人的双体独木舟也较有名。新几内亚的独木舟可以几条横排在一起,用横梁固定还装有风帆,可以航海。

独木舟是船舶的老祖宗,后来才演变成木板船和木结构船,直至今天的各类船舶。可以这样说,没有独木舟,就没有现代舰船。

⊙趣味连接

1958年,在江苏武进淹城出土了一条独木舟,两头小而尖,尖角上翘,显得比较美观,全长11米、舱上口宽0.9米、深0.45米,用大的楠木挖空制成。1965年,江苏武进淹城内城河又出土了一艘独木舟,船头尖尖的并微微上翘,舟尾敞开宽而平,是方形的,长4.22米、舱上口宽0.32米、深0.45米,也用楠木制成。专家发现,船的外壁光滑木纹依旧比较清晰,内壁有焦炭和

舢板

斧凿过后的斑斑痕迹,显然,古代先民们用火烤焦后不断用斧凿制加工,然后才制造成功这条独木舟。经过专家测定,它们距今已有2800年历史,是西周时期的物品,是我国目前发现的最古老完整的独木舟,号称"天下第一舟"。受到独木舟的启发,人们还发明了另外一些小船。比如,东北林区的猎户使用的兽皮船,也颇有特色,在江南、湖南、湖北、四川、重庆一带,流行一种名为"舢板"或者"划子"的小船。

⊙古今评说

　　独木舟是世界船舶的始祖,是人们探索水域的开端。独木舟的问世,给人类开拓了一个新的空间,人类终于克服了不能游水的障碍,能够顺利地通过水域,这实在是一个突破性的进展。最初的人们对水会产生恐惧感,一般人都会避开水域,但勇敢的人们不会回避困难,而是迎难而上。正是因为人们具有了这样的勇气和决心,才由陆地勇敢地走向水域,并征服了它。独木舟的发明源于人类对大自然的观察和认识,大自然是人类的老师,以自然为师,道法自然,是人类科技发展和进步的一个门径。

木板船的问世

⊙追本溯源

独木舟的出现，给人们拓宽了一个新的空间，但独木舟的狭小总是限制着人们的需求。首先是独木舟太小了，不能承载更多的重量；而且独木舟也非常不平稳，不安全。于是，人们开始改进船只，船舶发展前进的漫漫长路开始了。

到了商朝，人们已经造出木板船，并且还带有船舱。汉朝的

船龙骨

造船技术更为进步，人们开始利用船桨划水加快速度，锚的出现可以让船停泊在任意一个想要停泊的地方，舵帮助人们掌握船只航行的方向。2000多年前，出现了有龙骨的木船。

我国的木板船是到了大约三千多年前开始出现的。最早出现的木板船叫舢板，原名"三板"。顾名思义，就是三块木板，由此可以推测它最初是用三块木板构成的——一块底板和两块舷板。木板船不仅加大了空间，而且对造船用的材料要求也大大降低，不像独木舟那样需要非常粗的木质坚硬的树。木板船出现以后，显示了强大的生命力。船，这种水上交通运输工具更加普及了。

几千年来，人们在实践中不断对三板船加以改进和创新，产生了各种各

舫

样性能优良的船舶。除了舢板外，人们还受木筏制造原理的启发，造出了舫，就是把两艘以上的船体并列连接起来，这样增加了船的宽度，不仅增加了容量，而且稳定性也更好。制作舫时，起初是用绳索把两只船捆在一起。后来，又用木钉、竹钉或铁钉，把两条船钉在一起，两船之间也保留一定间隔，而不一定要船舷跟船舷紧靠在一起。不仅两条船连在一起，历史上还出现过由多只船体连成的船只。这种船行驶平稳，上面可以设置很多房间，成为达官贵人们出游时的专用船。

周朝等级制度森严，对乘船也有严格的等级规定。天子乘坐的"造舟"可以由多条船连成，诸侯乘坐的"维舟"最多只能由四条船体连成，高级官员乘坐的"方舟"可以由两条船连成，一般官吏乘坐的"特舟"只是单体船，普通百姓只能乘坐用木筏或者竹筏——"桴"。

后来，人们发现木板船航行时遇到的一个突出问题——抗风能力较差。通过人们长期航行的实践，人们发现风在行船时带来的不仅仅是负面的影响，其实风是可以被利用的。于是，根据这一原理，人们又创造了利用风力行驶的船——帆船。风帆在鼓起时可以使船顺着风行驶，既可以提高速度，又能保障安全。4000年前出现帆船，并且船的体积越来越大，船只所运货物越来越多，水路运输成为了一个产业，而江河湖海上的点点白帆又成了寂寞水面的动人的点缀。

⊙趣味连接

春秋战国时期，我国南方已有专设的造船工场——船宫。诸侯国之间经常使用船只往来，并且用船来打仗。战船是从民用船只发展起来的，但它在结构和性能上的要求都比民用船只先进，因为它既向敌人进攻，又要防御敌方进攻。可以说，战船代表着各个时期最高的造船能力和技术水平，同时，也从一个侧面反映了当时社会的经济力量和生产技术水平。其中，南方的吴国水军的战船是当时最有名的，它包括多种舰艇、大型战船。据古书记载，其中一种战船叫"艅艎"，船头画着鹢鸟的图案，工艺和质量在当时非常先进，战舰在当时的型号用"翼"来表示，即大翼、中翼和小翼。其中大翼长约30多米，宽5~7米，可以运载士兵90多人，有较高的航行速度。吴国就是凭借这些战船打败越国的。后来勾践卧薪尝胆，训练水兵，发展战船，越国灭吴时，战船已经发展到300艘之多。

艅艎

大翼

⊙古今评说

　　船由独木舟发展到木板船，再发展到连体船，每一步都是一种飞跃，都体现着古人的智慧和才能。在发展的道路上，每一步都经历了漫长的时光，人类不甘满足于现状的求新创造的精神，永远推动着人们不断前行。

汉朝的楼船建造

⊙ 追本溯源

"楼船夜雪瓜洲渡,铁马秋风大散关",陆游的这句诗非常有名,写的是一个雪夜,战士们打了胜仗,船停泊在瓜洲渡口,铁马铮铮,秋风飒飒,大散关被他们的军队攻下来了。这里的"楼船"已经是一种非常先进的战船了。

楼船虽然远在汉朝以前就已出现,但它的发展却是从汉朝开始的。楼船之所以被称为楼船,是因为船上能起高楼。水兵称为楼船卒、楼船士,水军将校称为楼船将军、楼船校尉等。

楼船

三国时东吴建成的楼船有五层,可载兵3000人,可以想象那气势有多么宏伟。到了汉朝,随着工艺的改进,楼船更加雄伟了,高三十余米,船上还有很多层建筑物。第一层是房屋,称为"庐";第二层因高居于上,称为"飞庐";最上层称为雀室,是古船上的瞭望台。一般派士兵在里面瞭望、警戒,像鸟一样站在高处观察四周的动静,故称为雀室。楼船外观高大巍峨,到处排列着兵器、插满旗帜,戒备森严,适宜于进攻和防守,到处体现着设计者的别具匠心,是一座真正的水上堡垒。楼船外形雄伟宏大,具威慑力,是很好的指挥船。但是它的行动不够灵便,在水战中必须与其他战船互相配合。

楼船甲板下设置有舱室，供划船的士兵划桨。也可以说，这里是船的动力中心，在舱内划桨的士兵得到良好的保护，可以免受敌人之攻击。楼船甲板上的战卒手持刀剑，与敌人短兵相接，进行接舷战。

　　楼船必须具备良好的防御和进攻能力，所以设计者时时处处要为战场应用考虑。楼船的甲板上有三层建筑，每一层的周围都设置半人高的防护墙。第一层的四周又用木板围成"战格"，防护墙与战格上都开有若干箭孔、矛穴，既能通过箭孔将箭射向敌人远攻，同时又可以防备敌人进攻，设计比较巧妙。船体上空间很大，甲板建筑的四周非常宽敞，还留有通道，便于士兵往来，甚至可以行车、骑马。

　　在第二层的周边也设有女墙，战卒们手拿长矛，有居高临下之势。再往上一层埋伏着弓箭手，这样可以使箭射得更远，弓箭是远距离进攻的主要力量。最高一层为爵室，位置高，既安全，视力又开阔，正好做驾驶室和指挥室。

　　帆的出现是造船史上最重大的发明之一，提高了楼船行驶速度，同时也非常和谐美观。在这个时期，人们还发明了尾舵。它设在船尾部，帮助船舶拨正航向。帆和舵的出现令楼船如虎添翼，增强了战斗力。

　　汉朝楼船军拥有数千艘楼船。史书记载，公元42年，伏波将军马援率领军队攻打南方，曾率楼船2 000艘，士兵两万多人。由此可见，汉朝楼船军规模已经非常大了，它是汉朝造船业高度发展的重要标志。

⊙趣味连接

　　楼船的外形显得非常庞大了，船上的小楼白帆也显得非常美观，船已经从小三板发展到结构复杂的大船了。楼船多用于江湖（主要是长江），也用于近海。由于楼船重心高，抗风浪能力差，用于远海是

东汉楼船

四、日新月异的中国造船业

隋朝五牙战船

相当危险的。楼船参与的著名战役几乎都在长江之上，比如赤壁之战、西晋灭吴之战、隋灭陈之战、元灭南宋之战等。自宋元以后，楼船的使用及记载渐无。《太平御览》记载，汉武帝造豫章大船"可载万人，船上起宫室"，意思是汉武帝在江西造了一艘大船，可以载一万人，船上还有宫殿和房子。《后汉书》记载，"公孙述盘踞汉中，曾打造十层赤楼帛兰船"，是说公孙述在汉中时造了十层楼高的船。

⊙古今评说

楼船因为体型巨大，运动笨拙，抗风暴能力差，所以很不安全。史料记载，孙权的"长安"号楼船，就因大风突然刮起沉没江中。三国时期的吴国，孙权命五艘楼船去守住渡口，结果遭遇狂风，五艘楼船全部沉没。楼船多用于江湖近海作战，楼船参与的著名战役几乎都在长江之上。1955年，在广州出土的一只汉朝陶船模，其上就有船尾舵的设置。文献记载与出土文物相印证，证明汉朝船尾舵确实存在。而迟至1242年西方造船史上才出现舵。帆、舵的发明与使用，使得秦汉时期我国的造船技术已达到很高水平。楼船的出现与建造可以说是汉朝造船、航海技术的集大成者。

第一艘车船问世

⊙ 追本溯源

楼船巍峨巨大的外形，在某种程度上对敌人的确能够造成一定的威慑力。但这样的水上庞然大物也存在很多缺陷，其中，为它提供动力就是一个难题。兵贵神速，所以，那时人们总在思考，怎样才能为楼船提供充足的动力，使它的反应变得灵敏一些呢？于是，车船应运而生。

车船

早在南北朝时，车船就被发明了。唐朝李皋对车船继续加以改造，制造了车船用人力踏板，使车船快速前进。到了宋朝，车船进入繁盛发展时期，国古车船早期主要用于战争，而到了南宋时得到较大规模的应用和推广。

车船到底是什么样子呢？关于车船的制造原理，现代已经失传。《杨么事迹》里有记载：杨么在洞庭湖一带起兵反宋，宋军为对付杨么军，"木匠都料高宣者，献车船样"，都料就是设计车船的人，意思是说有个叫高宣的工程师向宋朝进献了车船的模型。统治者依照模型开始制造车船，"打造八车船样一双"，制造了有八车（即16个大轮子）前进的船，"令人夫踏车"，"船两边有护车板，不见其车，但见船行如龙"，"上下往来，极为快利"。这种车船的动力是依靠人力用脚踏来实现的，到底是上下踏动踏

车船轮子

板,还是像骑自行车一样画着圆圈呢?因为车船的技术已经失传,所以后人只能据史料记载来推断它的工作原理。有史料记载,车船上安装有大轮子,大轮子上面有很多桨,很多人站在桨上踏动木板,船就前进了。

脚踩踏板提供的动力显然要比手划动船桨提供的动力大,因为人自身有重量,存在重力,这种重力被充分利用起来作为动力,可以给车船提供大量的动力。

《杨幺事迹》记载,在一次战斗中,车船和高宣本人被杨幺军俘获,于是杨幺方面也造48个人一起脚踩踏板提供动力的大船。据说,当时车船最多达40车,共有80个翼轮,也就是说有640个人为船提供动力,可以想象船行的速度有多快。

宋朝为消灭杨幺,也继续造车船。据《宋会要》记载,有个叫张浚奏的人,他在常德看到"造下车船,通长三十丈或二十余丈,每支可容战士七八百人"。也就是说,宋朝造的车船大约100米或者60多米长,可容纳七八百人。岳飞打败杨幺军后,将部分车船作战利品分给大将张俊和韩世忠。叶梦得在《石林奏议》第九卷里说,张俊得到的车船"多是十车、九车大船",其中"有长三十丈,高五丈,非千余人不可动者",长约111米,高约17米,可载一千多人。

宋朝最大车船长120多米,宽14米左右。明朝也有人设计了多种车船,被称为"静江龙船"。直到20世纪初,中国南方还有少量车船。车船因为体型巨大,对水深有极高的要求,不适宜在浅水区活动。车船的历史悠久,对中国船舶的发展起过很大的作用。

⊙ **趣味连接**

　　有史料记载,南宋初年,有一种"飞虎战舰,傍设四轮,每轮八楫,四人旋斡,日行千里",意思是说有一种名叫飞虎的战舰,设计着四个大轮子,每个轮子上有八个桨伸出来,踏动桨,轮子就会转起来,车船的速度非常快。每个大轮子八个船桨,四个人踏动踏板,怎样才能操作呢?我们可以想象,四个人围绕着轮子呈不同方位排列,每个人手扶着扶手,手脚不停交错地踏着踏板,就像踩动水车一样。飞虎战舰两车四轮,共32个人提供动力。这种划桨方式显然比用手划桨的方式先进多了,实在是船舶史上的一次进步。实际上,我们可以判断,发明车船的人是因为一次偶然的因素,发现水车的使用比较方便,于是,产生了灵感,将水车的使用原理嫁接到楼船上,这样,车船就诞生了。发明者是善于观察生活的,勤于思考,敢于实践,这才有了声势浩大的车船的诞生。

⊙ **古今评说**

　　车船发展至清朝便销声匿迹了,但它在船舶史上仍然有着重要的地位。首先,设计者大胆引用脚踏式的划桨方式,相对用手划桨的方式就是一种巨大的进步。用手划桨,用的只是臂力,船工不仅吃力,而且效果不佳;脚踏式划桨利用了人本身的重量,也利用了圆形这种有利于速度的几何图形,将车轮的优势和人本身的重量利用起来,这就是一个巨大的进步。中国人首先发明了车船,西方人却在数

"五月花号"

百年后发明了明轮汽船，接着又改进为现代的船用螺旋桨，而我们距离这种成功只有一步之遥。就像四大发明一样，我们的发明往往给别人提供了思路和灵感，而别人总是将它们应用发挥到极致，这种历史教训是值得今人吸取的。日前，我国制造的世界第一艘海洋风车船从秦皇岛市山海关下水驶向英国，这艘船名为"五月花信念"号，是山海关船厂为英国五月花能源公司建造的海洋风车安装船，用于在北海浅海区域安装风力发电设备。风车船的诞生正是多种思路得到开拓的新成就。

精密的龙骨结构

⊙追本溯源

在中国的船舶发展历史中,船的外形不断发生变化,由简单到复杂,由窄小到庞大,经历了一个进化的过程。在内部结构方面,古人也有很多经验值得借鉴。比如,中国古代船舶的龙骨结构就是造船业中的一项重大发明,对世界船舶结构的发展产生深远的影响。

龙骨结构是怎样诞生的呢?自从船舶诞生以来,我们的祖先就没有停止过思考,他们在实践过程中对独木舟和筏不断加以改进,通过在独木舟周围加上木板,原来的独木舟就变成船底了,而船身被扩大了。所以,在长期的演变过程中,圆底独木舟逐步变成了船底的中间部分,以前的独木舟——通连首尾的主要纵向的木材就变成"龙骨"了。窄小不平稳的独木舟就成功地被改造为尖底或圆底的木板船,容纳的人数和承载的重量增加了,船也更加稳定了。而原来平底的独木舟也就逐渐演变成平底木板船底中心线上的一块板了,这块板被叫作龙骨。

应该说,由独木舟和筏发展到木板船,开辟了航海及河运史上的新时期,这是造船史上的飞跃。在这次演变过程中,龙骨的出现是一个偶

郑和宝船龙骨

然，但人们发现了它的妙处，所以在船舶以后的发展历程中，龙骨就一直被发现并应用在船舶的制造中。

龙骨具有什么作用呢？首先，船身巨大，遭受巨大风浪时，船身的结构势必面临巨大的考验，龙骨不像其他的榫头和框架那样具有一定的不稳定性。它贯通到底，结构十分稳定，用来支撑船身，使船只更坚固。同时，它陷入水中较深的位置，使船在抗御风浪时更加稳定。欧洲船只于19世纪初才开始采用这种龙骨结构，比中国晚了几百年。

龙骨结构不仅仅是一长根木材那么简单。龙骨结构包括龙骨、旁龙骨、肋骨、龙筋等结构。

龙骨在船体的底部中央，连接船头和船尾，避免船因长度而造成船的纵向损坏，一般选择木纹挺直、没有节子的长方形截面松木条制作。它看起来就像一条长龙一样。

旁龙骨在龙骨两侧，也和龙骨同向，用来辅助龙骨提高船身承受外力的强度。

肋骨是船体内的横向构件，和龙骨方向垂直，以承受横向水压力。它看起来像长龙两侧的肋骨一样。

龙筋和肋骨垂直，和龙骨平行，并与肋骨一起形成网状结构，使船身结构更加稳定。

龙骨、旁龙骨、肋骨、龙筋构成了船内部的基本结构，实际上就成了一些互相支撑的网络状的牢固支架。做好以后，就加上船壳板，包括船侧板和船底板。

为了减弱船舶在波浪中航行时的摇摆现象，有些船体还装有舭龙骨。它装在船侧和船

舭龙骨

底交界的地方，用厚0.5～1毫米的铜片或铁片制作而成。

　　船首柱和船尾柱分别安装在船体的首端和尾部，下面同龙骨连接，它们能增强船体承受波浪冲击力和水压力，还能承受震动。

　　这就是当时船舶的基本结构。

⊙趣味连接

　　一般很多领域都运用到龙骨结构。什么是龙骨结构呢？简单的解释就是将一种坚硬的材料贯通某种物品，一般来说，这种结构是非常坚固的。到宋朝时，船舶的体型巨大，船的结构的坚固性也遭遇了巨大的挑战。宋朝船的底部仍然是尖的，上部甲板平整，船舷以下像刀削一样，上宽下窄。如果将船横切，船的横断面为V形，船的尖底上就设置贯通首尾的龙骨。宋朝为什么将船设计成上宽下窄的样子呢？这种结构的船底部不宽，虽然不够稳定，却在水面以下。加上龙骨较为沉重，吃水较深，所以对行船的稳定性造不成影响。但这种结构却可以减少船前行的阻力，保证了船行的速度，节省了动力。所以，这种结构既稳定又迅捷。因此，这种上宽下窄的结构是非常科学合理的。

⊙古今评说

　　在古代船舶中，龙骨结构贯通到底，结构十分稳定，用来支撑船身，使船只更坚固。同时，它陷入水中较深的位置，使船在抗御风浪时更加稳定。龙骨结构体现了古人的智慧和才干，而欧洲在19世纪初才开始采用这种龙骨结构，比中国晚了几百年。我们中华民族在解决实际问题方面是有

工人建造龙骨

着很多天赋的。龙骨结构的诞生源于人们对船的改造,为了追求船更大的承载量,人们不断优化船的结构,使它能够承受更多的压力,能够面对更多的考验。所以,中国古人的科研是非常务实的,正是因为务实,才解决了很多实际问题。但要真正解决科技的发展问题,首先要让人们从过于务实的思想状态中解放出来,要敢于为了研究世界的奥秘而探索,而不仅仅是为了解决某一个实际问题。

蜚声世界的水密隔舱

⊙追本溯源

当船在水面上行驶时,或者是两军交战的紧急时刻,总是难免面对一些意外事故,比如船舱因裂缝出现漏水现象,船只就会面临灭顶之灾。尤其是以往的船往往都用木头制造,密封性能并不优越。如何解决这个问题,降低行船的风险和损失呢?聪明的古人发明了"水密隔舱",解决了这个技术难题。

水密隔舱

"水密隔舱"是中国古代造船工艺的一项重大发明。简单地说,就是用水密隔板把船舱分成互不相通的舱室。那么,把船舱分成几个互不相通的小舱有什么作用呢?

首先,它可以降低船只沉没的危险,保证航海安全。假设船只在远航的海面上碰到了暗礁或者其他船只时,海水会流进船体。但由于船舱之间采用水密隔板隔开,所以即使有一两个舱室破损进水,海水并不会流入其他舱室,船仍然能够继续行驶,不会导致情况恶化。要是进水的船舱过多,只需要抛弃货舱中的货物减轻重量就可以了,船舶不至于沉没。这在当时实在是了不起的发明。在这之前,只要远航的船只遭遇到一个裂缝,就会全部倾覆。而水密隔舱大大降低了航海的风险,给遭遇事故的船只带来了福音。

水密隔舱还增强了船体构造强度。水密隔舱用水密隔板与船体板紧密连

"水密隔舱"古船

接,四周密封,能加固船,增强船体横向强度。还由于水密隔板非常牢固,而且分成几个小区域,每个区域的承受重量和打击的能力得到增强。所以,郑和船队当初下西洋时并没有"壮士一去不复还"的悲壮,有史料记载"悠然顺适,倏忽千里,云驶星疾",可见他出海时底气很足,心情是十分愉快的。

水密隔舱还可以提高装卸效率。把船划分出许多舱室、舱区,这更便于货物装卸和保管。

此外,海船上采用水密隔板取代龙骨结构中的肋骨结构,简化了造船工艺,缩短了造船周期。

正是因为水密隔舱结构的优越性,所以中国在宋元时期的海洋航行达到了一个繁盛时期,也就是公元10世纪以后相当长的一段时间里,在中国的东海、南海,以及遥远的印度洋上,大商船几乎都是来自中国。中国帆船之所以能够驰骋汪洋大海,得益于当时的先进工艺和技术,其中最突出的是水密隔舱设计以及广泛使用,当然还有先进的铆钉技术。

随着郑和船队的七次远航,郑和宝船上的水密隔舱结构传入海外各国,并流传到欧洲,被世界各地的造船家所吸取。如今,水密隔舱结构仍然被人们广泛采用。

⊙趣味连接

纵观历史,在古代造船史上,欧洲人一直在向我们的祖先学习。那些专利具有非凡的价值,木板船的制造、龙骨结构和铆钉结构、水密隔舱技术,一直到鸦片战争之后,欧洲人仍然在向我们学习。他们和我们一样都利用了仿生学原理，把船体设计成流线型，但模仿的对象不同，欧洲人模仿的是鱼，而中国人模仿的是水鸟。所以欧洲人的船体的最宽处就在中部靠前的地方，而中国船体的最宽处却在中部靠后。力学研究证明，中国人的做法更科学，因为一般船舶都不是像鱼那样在水里游，而是像水鸟那样在水与空气之间划行。后来，西方的船舶设计也有了改变，他们也像中国的船那样，把最宽处放在中部靠后的位置了。

"水密隔舱"福船

⊙古今评说

中国古代的造船技术一直引领世界先进水平，很多技术都传到了西方和欧洲，唯一没有学到的大概只有橹。橹和桨不一样，是连续划水的，用的是鱼摇动尾巴前进的原理，没有像桨一样划出水面的夸张动作，但效率却很高，所以有"一橹三桨"之说。

欧洲人很晚发现这一点，但由于不久后发明了推进效能更好的轮子形状的桨——也就是车船所用的那种类型，就没再考虑用橹的事。其实，轮桨的真正发明者也是中国人，时间比富尔顿早了1 000多年。总之，除了罗盘以外，我国对造船与航海技术还有许多重要贡献。欧洲人从东方学去的五项技术里，四项都源于中国，这是我们炎黄子孙的骄傲。这些史料充分证明，中国人在机械制造方面是有天赋的，也具备解决实际问题的能力。

北宋"神舟号"

⊙追本溯源

公元1117年,北宋设置了高丽使馆,又称远来局,开始了和朝鲜的友好往来。公元1119—1125年,北宋又建造了两艘千吨级的巨型使船,其中一艘命名为"神舟号",派徐兢乘坐出使高丽。史料记载,当公元1123年,"神舟号"与小一号的客舟共六艘大船抵达高丽港口时,高丽人在码头"倾国耸观而欢呼嘉叹也",可以想象朝鲜人对于这些巍峨壮观的船的惊叹,中国的造船业在当时称得上盛极一时。

"神舟号"手绘图

"神舟号"究竟有多神奇?据媒体报道,市民再过几年就可以在镇海的古船场遗址一睹这艘"巍如山岳,丽似宫阙"的万斛神舟的风采了。这到底是一艘什么样的船呢?高得像一座山,华丽得像一座宫殿,虽然只有八个字的评价,却也表现出这艘被称为"全国第一"的仿制官船的宏大规模与华美外观。这次仿造的神舟叫作"鼎新利涉怀远康济",简称"鼎新神舟"。按照"仿宋似宋"的原则,这艘船将会完全忠于历史的真实。史书记载,这艘神舟"超冠今古"、"晖赫皇华",是宋朝最大的官船,而且非常华美。

幸运的是,不久的将来这艘船将会被专家们复制出来。来自全国各地的八位专家还提议,让它在问世的那一天乘风破浪,重走海上丝绸之路,出访朝鲜、韩国和日本,这样更能够体现仿古神舟的价值和意义。

据专家考证，神舟开始制造于1078年，由朝廷指令官办船场———招宝山船场制造，船名是宋朝廷赐的。这艘官船是当时最宏伟、最豪华的出使官船。当时高丽、日本、东南亚诸国是北宋最主要的贸易国，宋朝制造"神舟"的主要目的是和这些国家建立关系并进行经济上的往来。

当时从宁波到高丽（朝鲜）的航线为：从宁波出发，越过东海、黄海、朝鲜半岛南端，到达高丽礼成港。

据史料记载，当时出访高丽的徐兢所写的《宣和奉使高丽图经》中对一同访问朝鲜的客舟的构造有较详细的记载，对神舟也略有介绍。有关专家据此推算，神舟长52米，宽13米，深12米，满载排水量为810吨，比一般宋船的尺度排水量几乎大1倍。据推断，即将被仿制的"鼎新神舟"为全木结构，分成下甲板层、上甲板层和甲板上层。

但要复制这样的官船是有相当难度的，从全国各地出土的数百只历代帆船的模型和船来看，到现在一直还没有发现宋朝官船遗迹，所以制造仿古"神舟"是对历史文化遗产的重要保护措施，将填补宋朝船舶历史和文化的一项空白。

⊙趣味连接

北宋"神舟"还有一个神奇之处就是对指南针的运用，宋朝的科技在全世界是处于领先水平的。指南针被发明以后，被迅速应用于航海，更使北宋"神舟"如虎添翼，使得航船能够摆脱依靠视觉来判断方向的局限性，能够夜以继日地航行，镇海口的古代海上丝绸之路发展也由此达到了顶峰。

公元1078年，神宗皇帝派遣庞大使团乘"凌虚致远安济"神舟和"灵飞顺济"神舟从镇海出发出使高丽；公元1123年，徽宗皇帝派600余人的大型使团，乘两艘"神舟"及六艘"客舟"再次出使高丽；南宋时明州商人与当时东南亚诸国做生意，这些地方包括今天的柬埔寨、越南、印尼等国。两宋时期，商船从镇海口出发到沈家门、普陀山，过白水洋、黄水洋，经竹岛、群山岛、马岛、小青屿，即到高丽礼成港，形成镇海到高丽的一条顺风顺水的黄金航道。

⊙古今评说

北宋"神舟"不仅规模大而且技术含量也极高,史料记载,它"上平如衡,下侧如刃"。也就是说,船体靠近水面的部分是平的,但水下两侧越来越窄,船底呈"V"字形,底部有龙骨贯穿首尾。这种船形非常利于航行,平稳快捷,而且抵抗波涛冲击力的能力也增强了。它还采用了水密隔舱的技术,提高了船的抗沉性,增加了海洋远航的安全系数。另外,它在建造时还使用了船舶设计图纸也就是"船样",用滑道下水,修船时用船坞——一种修船时使用的工作平台。使用这些技术,西方晚了几个世纪。所有这些都验证了我们的祖先在机械制造方面的才能和智慧,北宋"神舟"是人力船中集大成之作,那令人惊叹的规模,那华美的艺术,都能给人一种深深的震撼。宋朝时中国科学技术进入盛期,高丽王朝掀起了学习中国的热潮。科技,给华夏带来了尊严。

"黄鹄号"蒸汽轮船

⊙ 追本溯源

　　船舶的发展历史告诉我们，中国人在船的进化和发展过程中起了至关重要的作用，使船由粗糙发展到精细，由小容量发展到大容量，由脆弱发展为牢固，由危险发展为安全……但是，勤劳务实的中国人忽略了一个问题——动力。

　　人力始终贯穿着以前的全部发展历史，一直到外形结构发展到一个极致以后，人们才开始思考动力的问题。

　　18世纪的工业革命，蒸汽机的发明给世界带来了巨大的影响。直到20世纪初，它仍然是世界上最重要的原动机，直至后来被内燃机和汽轮机代替。

"克莱蒙号"

其实，如何解决船的动力问题，人们一直在思考。在船舶上采用蒸汽机作为推进动力的实验始于1776年，一直到1807年，大约花了30年时间的摸索，美国的富尔顿才制成了第一艘实用的明轮推进的蒸汽机船"克莱蒙号"。

中国人在这方面也开始了研究和探索，蒸汽机诞生后，中国几乎进入了封建社会的末期，社会的黑暗、科技的落后，使统治者和有志之士开始了对社会的革新，主张学习西方的先进科技。清朝同治二年十二月二十日，"黄鹄号"应运而生，它是由蔡国祥等研制的中国第一艘以蒸汽机为动力的轮船。船长约9米，时速可达12千米，在安庆江面试航成功。后来，官方开始了"洋务运动"，安庆军械所制成以蒸汽机为动力的轮船，刷新了中国船舶制造的历史。从此以后，蒸汽机在船舶上作为推进动力经历了100多年，19世纪的各大洋成了蒸汽机船的天下，帆船驶进了船舶博物馆。

"黄鹄号"蒸汽轮船是我国自己设计建造的第一艘蒸汽机明轮船。造价白银八千两。1865年由安庆军械所的徐寿、华蘅芳设计建造。关于"黄鹄号"的具体尺寸、下水时间目前有多个版本，存在争议。有专家认为，"黄鹄号"蒸汽轮船船长17米，重25吨；机舱设在前部，它的动力核心是蒸汽机。蒸汽机为单缸，缸长0.5米，缸直径0.23米；锅炉长2.5米，炉直径长2.6米，炉管共49条，长两米，管直径四厘米左右，转轴长三米，直径四厘米左右。这艘轮船所用材料除了"用于主轴、锅炉及汽缸配件之铁"都是从国外进口的，其他一切器材，包括"雌雄螺旋、螺丝钉、活塞、气压计等，均由徐氏父子亲自监制，并无外洋模型及外人之助。

"黄鹄号"试航于扬子江，不到14小时就逆流行驶了112千米，时速约8千米；而返回时顺流仅用了8小时，时速约14千米。当曾国

"黄鹄号"蒸汽轮船

藩的长子曾纪泽去北方看望父亲时，这艘轮船将他的坐船拖到高邮。他对轮船的性能非常满意，于是将轮船命名为"黄鹄号"。"黄鹄号"是中国人自行研制，并以手工劳动为主建造成功的中国第一艘蒸汽机机动轮船，它的建造揭开了中国近代船舶工业发展的帷幕。"黄鹄号"试航时曾经轰动一时，但由于多种原因，并未正式投入实际使用。

⊙趣味连接

　　黄鹄号设计者徐寿，江苏无锡人，幼时学过经史，研究诸子百家，见解独到。鸦片战争以后，随着西方科学技术的传入，他反对当时流行的那些认为科技是"雕虫小技"、"奇技淫巧"的传统观念，所以转向研究科学。徐寿读了很多我国的自然科学著作，还从外国传教士那里买回一批西方科技书籍自学。经过20多年的刻苦学习，徐寿掌握了物理、化学、数学、机械、医学等多门学科的基础知识，尤其在数学、化学、力学方面有着极深的造诣。

　　华蘅芳，江苏无锡人，中国清末数学家、翻译家和教育家。他出生于官宦之家，少年时酷爱数学。青年时在上海与著名数学家李善兰交往，学习西方的代数和微积分，后被曾国藩提拔到安庆的军械所制机械图并造出中国最早的轮船"黄鹄号"。他受到洋务派器重，成为这个时期有代表性的科学家之一。

⊙古今评说

　　1840年的鸦片战争，仿佛惊雷一样惊醒了沉睡的国人，西方的"坚船利炮"打开了中国闭关的国门。面对落后的现状，国内掀起了一场救国图强的洋务运动。徐寿等人学习西方技术，终于成功制造了第一艘非人力船舶——

蒸汽机船

蒸汽机船。蒸汽机的发明改变了一个时代。而发明蒸汽机的瓦特仅仅是因为观察开水推动茶壶的现象而产生了灵感。就像牛顿根据苹果落地发现了万有引力定律一样，伟大的发现往往都来自最平凡的生活，来自细致的观察和独立的思考。我们要善于从一些司空见惯的现象中去发现和探索真理。成就和贡献的大小，主要取决于对待科学的态度和兴趣，如果只是为了功利而去研究科学，注定只能做出一些细微的改变，是很难有重大研究成果的。

中国现代造船业

⊙追本溯源

作为一个海洋大国，中国的造船历史已经绵延了数千年之久。从最初的水上交通工具——木筏子，到现代巨型舰艇的海上雄姿，中国的造船业经历了无数个朝代的兴盛与衰落，如今已经成为一匹备受瞩目的"黑马"，在世界造船业中独领风骚。

由于历史上的种种原因，中国近现代造船业的起步要比西方国家慢了很多。不过在我国科研人员的不断研究和努力下，通过不断吸取国外先进的造船技术和经验，中国的造船业也走上了蓬勃发展的道路。在20世纪末时，我国的造船产量不断增加，制造的船舶出口到世界上60多个国家，如美国、英国等。到了21世纪初，我国的造船产量仅仅位居韩国和日本之后，成为世界第三个造船大国。不过从产业周期来看，韩国已经处于成长后期，发展潜力相对有限，而且近些年来韩元迅速升值，让居高不下的劳动力成本不断加剧，其竞争力明显下降；而日本已经进入成熟期，发展空间更是少得可怜。再看看我们中国，就目前来说，中国才刚刚进入蓬勃成长时期，发展的潜力和空间都是巨大的。

近几年来，中国的造船业迎来了空前繁荣的阶段，越来越多的欧洲客户选择与中国合作。无论是北欧的挪威、丹麦，西欧的英国、法国，还是南欧的意大

蓬勃发展的造船业

利、希腊，都能看到中国造船企业的客户。自从2003年全球的航运市场全面复苏，出现了动力需要紧张、运价全面上涨的情况，世界各大造船公司开始大批地生产船只。受此影响，世界造船业逐渐走出低谷，并且开始爆发式地增长。根据欧盟权威的贸易数据显示，中国建造的船只在2002年时大约占全球新船总额的13%，而到了2005年时，中国造船产量已经占全球总额的17%，并且此后几年一直呈不断上升的趋势。由此可见，中国造船业的发展锐不可当，甚至直接影响到世界造船业的格局。

尽管中国现代造船业取得了如此辉煌的成就，不过中国人并没有居高自傲，忘乎所以，而是不断地总结经验，认识到自身的局限与不足。其实，中国现在的造船技术，在很多方面还远远落后于其他西方国家，比如雷达、数控、数据传输等，都需要从外国引进最先进的核心技术，然后再通过国内进一步加工来造船。另外，我国对于一些军用船只，比如航空母舰的建造，还不能一力承担，因此只能从国外购买先进的军用船舶回来，然后科研人员再通过对这些船舶加以分析研究，以更快更全面地吸收国外先进的造船技术。

总的来说，中国现代造船业还处在蓬勃发展时期，而且始终没有停下前进的脚步。近些年来，国家开始加大对大型造船企业的扶持，还建设了一批新兴的大型造船基地。看来，在不久的将来，我国便能够从世界造船大国发展为世界造船强国，甚至引领世界造船业的不断发展与跃进。

⊙趣味链接

中国的造船业正处于蓬勃的发展时期，不仅在造船产量上超过欧洲，与韩国、日本形成三足鼎立之势，而且对于未来造船前景的规划，也让全世界人民刮目相看。为了进一步拉近中国造船业与国际造船强国的差距，我国加大了对

中船江南长兴造船基地示意图

船舶工业的调整力度，计划建设三大现代化造船基地，从而让我国的造船业上升到崭新的高度。这三大现代化造船基地分别为：以青岛、大连、葫芦岛为主的环渤海地区；以广州为中心的珠江三角洲地区；以上海为中心的长三角地区。这三大造船基地的建设，将成为我国现代船舶工业的发展重点，当它们建成时，我国也就正式迈入造船强国的行列。

⊙古今评说

随着世界人口的不断激增，粮食及各种能源的短缺，人类渐渐将食品和能源基地转向海洋，这样就从无形中促进了世界船舶工业的发展。不仅如此，如今船舶已经不再只是单纯地作为一种交通运输工具，而是一个国家的国防实力的体现。

我国的船舶工业虽然起步较晚，却很快地形成了完整的船舶工业体系。自从改革开放以来，我国的船舶工业得到了快速的发展，如今已经成为我国的一个支柱产业，并且在世界船舶工业也占有十分重要的位置。特别是近些年来，中国的造船业不断向外扩展，造船能力和造船质量都得到了全面的提升。另外，中国在各种军用舰艇的研发和制造过程中，也取得了十分傲人的成就，其中水面战舰、水下潜艇、海上补给舰相继问世，也预示着中国逐渐迈向科技强国的行列。

著名的江南造船厂

⊙ **追本溯源**

著名的江南造船厂已经走过了140多年的风风雨雨,它的前身是江南机器制造总局,也就是我们今天常说的江南制造总局。1865年,在曾国藩的规划下,江南造船厂在上海开始建成,后来由李鸿章接手,

江南制造总局

并投入使用。虽然在使用期间它多次改名,比如江南船坞、江南造船所等。但是一直到今天,它依然是我们国家重要的造船基地,为我们国家的造船事业、海军建设、国防科研和航运事业等作出了重要的贡献。

上海解放之后,江南造船厂的工作人员不断努力,在1953年制造了大型内河客货轮——"民众号",这一壮举震撼了全世界。当然,江南造船厂对这种成就远远不满足,他们戒骄戒躁,不断研究当时国外先进的造船技术,并且借鉴一些大型造船企业造船的经验,随后又为我们国家创造了不少惊喜。比如,1956年时,江南造船厂就成功建成了中国第一艘潜艇;在1958年又成功地建成了中国第一艘5000吨沿海货船——

"远望三号"

"和平28号"。

随后，他们又马不停蹄地继续钻研，在1965年，江南造船厂通过自行设计的万吨级远洋货船——"东风号"成功问世。这一惊人的成就，让中国成功晋升到造船大国的行列中来。

当然，江南造船厂没有停住脚步。在20世纪60年代末，江南造船厂的工作重心逐渐从国家经济建设转移到了国家的防卫建设和出口上，也取得了不少好成绩。在70年代，江南造船厂就成功地制造出了以"远望号"为主的三款型号不同的船只，还编排了以航天综合测量船、海洋调查船、远洋打捞救生船为首的特种工程船队，并且成功地完成了通讯卫星、远程导弹发射试验和南极考察等重要任务。

改革开放之后，江南造船厂名气更是大增，简直可以用风靡全球来形容了。它们先后为不少国家制造了多艘具有世界先进水平的船舶，在罗马尼亚、挪威、意大利、德国、美国等国家和香港等地区都受到了一致认同，其中为美国拉斯科轮船公司建造的两艘船，因为质量优异，被当时的拉斯科轮船公司命名为"中国光荣号"和"中国自豪号"。自此之后，中国带着优异的成绩跨入了世界造船业的先进行列，而江南造船厂也被人们形象地比喻为中国造船业的龙头。

⊙ **趣味链接**

在20世纪70年代时，中国开始加入外太空探索的行列中，不少火箭和人造卫星也适时问世。为了配合当时我们国家火箭和人造卫星的发射，江南造船厂授命编排以测量、调查、打捞救生为主的科研研究船队。

1977年8月，江南造船厂成功研制出了第一艘现代化测量船，并命名为"远望一号"，开始担负卫星、飞船和火箭飞行器全程飞行试验测量和控制任务。随后几年，在江南造船厂的不断努力和改革之下，"远望二号"、"远望三号"、"远望四号"、"远望五号"、"远望六号"相继问世，届时由江南造船厂研制以及编排的中国航天远洋测控船队"远望号"正式投入使用。

⊙ **古今评说**

　　江南造船厂在不同时期承载着不同的梦。在近代，洋务运动时期的江南造船厂，打着"师夷长技以制夷"的口号，努力让堕落腐败的清朝政府重新振作雄风，回到以前鼎盛风光的时期。而现在的江南造船厂，依然肩负着国家的使命。由于历史遗留的问题，中国造船行业面临起步慢、技术差的问题，而江南造船厂作为造船行业的龙头，乘风破浪，为中国造船业的发展作出了卓越的贡献。一直到今天，江南造船厂还在继续完成它的使命：制造出更多飘着中国旗帜的船只名扬四海。

江南造船厂

万吨巨轮"东风号"

⊙追本溯源

看过《泰坦尼克号》这部电影的朋友,一定还对那艘巨型的海上游轮记忆犹新吧!它在茫茫的大海中航行,简直就像一座移动的城市。可能你还不知道,中国也有一艘像"泰坦尼克号"那样的万吨巨轮呢,它还有一个很霸气的名字,叫"东风号"!

"东风号"是新中国成立以来,第一艘由中国自行设计、江南造

"东风号"远洋船

船厂建造而成的万吨级远洋船,并于1965年正式投入使用。"东风号"全长约161.4米,船的宽度约为20.2米,载重量可以达到1.3488万吨,是一艘名副其实的巨轮。它的船体使用了当时国内生产的高强度低合金钢结构材料,主机采用了中国自主研发的第一台8820匹船专用重型低速柴油机,而且还增设了当时比较先进的发电机组、通讯导航设备和舱室空气调节设备等。

当时的江南造船厂,已经修造过许许多多的船只,但是自主设计重量型巨轮还是第一次。因此对于建造"东风号"来说,这是一个不小的挑战。当时中国对船只所需要的设备和建造船只的技术都是属于初级阶段,但是研发人员并没有被眼前的一个个困难所击垮,他们越挫越勇,先后解决了场地、放样、样板等难题,而且还为"东风号"装上了当时比较先进的废气锅炉供汽的蒸汽透平发电机组,一系列新型的通讯导航设备和舱室空气调节装置等。

1965年12月31日，在科研人员的奋力拼搏下，"东风号"成功竣工。在1966年，经当时国家的船舶检验局检验，"东风号"的快速性、装载量、钢材消耗量和机舱长度等指标，都已经达到了当时的国际先进水平，这一结果，大大震惊了整个世界，他们觉得中国的造船行业实在是卧虎藏龙。

　　当然，"东风号"能够成功地研制出来，也离不开众多科研人员的共同努力，其中许学彦功不可没。在20世纪50年代末，以许学彦为首的设计团队开始着力设计中国第一艘万吨级远洋货船"东风号"，而那时候碰巧遇上了中国的大跃进时期，为了按照国家的要求压缩研制的时间，许学彦不辞辛苦，每天至少工作十五六个小时，即使遇上了大热天，依然住在船队旁的草棚里面画施工图，而且那个时候还没有计算机，所有关于造船的计算，都是由工作人员认认真真地手算得来的。

　　不过到了1960年年底，由于当时过分强调船上所用器材设备要立足国内配套，"东风号"的舾装工作无法继续进行而被迫停顿，一直到了1965年6月，沪东中华造船（集团）有限公司所试制的主机投入使用，"东风号"又再一次出现在人们的视野中，并且正式通过了中国国家技术鉴定组验收。

⊙**趣味链接**

　　"东风号"在下海试航途中，遇到了不少考验，但是这些考验都被"东风号"近乎完美的质量所一一击垮。

　　1966年，在国家验收委员会成员的组织下，"东风号"在10月20日离开了青岛，出海进行各种试验，一直到了28日，各方面的试验结束，"东风号"返回上海港卸货。在试航途中，"东风号"两次遇到了九级的强风，但仍然漂亮地完成了大部分国家鉴定大纲所规定的试验项目。经检测，"东风号"的船速达到17.3海里/时，超过了原设计16.65海里/时的要求。经过技术鉴定工作组认真细致的鉴定后，他们一致认为"东风号"在中国造船史上，是一次成功的设计和建造，并且同意"东风号"投入使用。

⊙ 古今评说

美国黑人领袖罗伯特·威廉曾经在参观"东风号"后，激动地说道："这艘中国自己造的船，不仅是一个巨大的物质成就，而且通过它还可以看到中国人民的创造精神和能力！"的确，这艘"东风号"集聚了中国人的智慧和创造力。它还集中反映了当时我国的船舶设计、制造水平，以及船舶配套生产能力，"东风号"的出现，为以后中国大批建造万吨以上大型船舶奠定了一定的基础。它的建造成功，开创了中国自行设计建造万吨级船舶的先河，给以后中国的造船工业带来勃勃生机。

不仅如此，"东风号"在航运过程中，许许多多思念祖国的海外侨胞都把它亲切地当作是祖国的领土，他们每看到"东风号"来到一个港口便会纷纷跑来船上，与祖国亲人相见，所以"东风号"也是承载着中华儿女情感的一个象征。

披波斩浪的舰艇

⊙追本溯源

对于一个临海的国家来说,它的海防是至关重要的。海上的战争可不像陆地一样,战士们不能轻而易举地就冲上对方的战地,和敌人拼死决杀,因此海上战争显得十分特殊。在现今的海上战争中,舰艇常常是必不可少的装备,今天我们就一起来了解一下舰艇吧!

我们一般把舰艇俗称为军舰,也有称为海军舰艇,它是指拥有武器装备,而且还能执行作战任务的海军船只。在今天看来,舰艇虽然主要还是用于海上作战和进行一些战略突袭,但是它偶尔还是会承担一些海上侦察、调查、测量、运输、救生、医疗、修理、补给、工程和试验等一系列后勤服务。我国目前的舰艇主要分为战斗舰艇和辅助战斗舰艇这两大类,其中战斗舰艇是直接执行战斗任务的,而执行辅助战斗任务的则是辅助战斗舰艇。

在古代时,中国就已经开始舰艇的发展,那时候人们把舰艇称为战船。

古代战船

一开始,战船只是被用做军队的运输,到了公元前6世纪中期,当时的许许多多诸侯国已经把大量战船投入海上的战争中,还为战船专门增设了一些水站工具。到了西汉,战船得到进一步的发展,甚至战船的性能已经赶上和超越了当时欧洲国家的战船,而且这个记录一直延续到15世纪中期，中国的战船在那时候几乎享誉全球，它们被誉为是世界上最大、最牢固、适航性最好的战船。

到了近现代，由于历史的原因，导致了中国战船发展滞后，被西方国家远远甩在了后头，我们已非制造者，而只是一个购买者。从

平远号

19世纪60年代开始，清朝政府经常向西方国家购买舰艇，到了1889年时，才勉勉强强建成了属于我们国家自己建造的巡洋舰——"平远号"。不过此时建造的舰艇，已经没法和古代时候的战舰所创下的成就相提并论了。

从20世纪50年代开始，中国的海军就开始紧锣密鼓地研制一批海上巡逻舰艇。通过从国外引进先进的技术和一些装备，我国科研人员在不断分析研究之后，建立了一批批舰艇，其中包括护卫舰、潜艇、扫雷舰、猎潜艇和鱼

中国第一艘核潜艇

雷艇等。

到了20世纪60年代初期，中国已经基本达到了海军舰艇和武器装备的自行开发和研制的阶段，因此开发战舰的成就也突飞猛进。比如在1962年建成的"62型"护卫艇和在1964年建成的"037型"猎潜艇，都取得了不小的进步。1966年，我国自主研发的火炮护卫舰、水翼鱼雷艇、导弹艇，以及1974年8月我国的第一艘核潜艇建成并正式投入使用，更是震惊了整个世界。

⊙趣味链接

1963年，中国开始自行研制第一艘舰艇，由当时的中船重工集团701所吕永盛研究员担任这艘舰艇的主任设计师。他多次分析和研究国外先进的舰艇，取其精华，去其糟粕，终于在1963年成功建造了第一艘海军护卫舰，并于1963年12月17日顺利下水。

而外国人万万想不到的是，正是由新中国年轻设计者所自行设计的第一艘舰艇，在第一次下海试航时，航速就已经达到了当时同类型舰艇的领先水平。而且这艘舰艇在渤海湾，还安安全全地渡过了九级大风的考验。

在随后的试航期间，这艘舰艇居然史无前例地参加了战斗。1964年7月12日，国民党情报局收到情报，下令一艘载有武装特务的舰艇进入广西北海市附近的海域，并企图袭击当地的军民。当时在试航的这艘舰艇接到了上级的命令，立刻驶向了北海市，加入了战斗。经过40分钟的战斗，我军一举消灭国民党的舰艇，并成功抓获了60多名特务。经过这件事情后，这艘舰艇也被人们赋予了"海上猎豹"的称号。

⊙古今评说

古代的舰艇，虽然已经用在了海战上面，却没有得到统治者一定的重视。一直到了现代，舰艇的好坏越来越体现一个国家的海防实力。

中国在研发和制造舰艇的过程中，研发人员不畏困难，勇往直前的精神鼓舞了一代代青少年，使更多的有志者加入对舰艇的研究行列中来。而这些研发人员即使在艰苦的环境下，也攻破重重难关，克服了当时不利的条件，开创了中国自行设计舰艇的先河，大大促进了中国以后的舰艇制造业的发展，也给以后中国的舰艇制造工业带来了新的血液。至此，中国正式迈入了海防强国的行列中。

四、日新月异的中国造船业

深海中的"幽灵"

⊙追本溯源

你知道吗？在海战中，有一种很恐怖的舰艇经常出神入化地穿梭在海洋里，被人们誉为"深海中的幽灵"。我们今天就要来认识这个"深海幽灵"——潜艇。

众所周知，潜艇又被人们称为潜水艇、潜水船。它的种类繁多，而且形状各异。小的

中国制造的潜艇

潜艇一般可容两人操作，作业的时间较短，通常是用来进行海洋探测的；大的潜艇可载数百人，潜航的时间一般都是数月。大型的潜艇大多都是圆柱形的，船的中部通常会设立一个舰桥，早期人们称它为"指挥塔"，因为它的中间含有通讯、感应器、潜望镜和控制设备等，不过这一设计在今天的深海潜艇和专业潜艇上已经不存在了。

潜艇的分类有很多种，比如可以按作战使命分为攻击潜艇和战略导弹潜艇；也可以按动力来分类成常规动力潜艇和核潜艇。不过人们习惯按排水量来分类，分别为大型潜艇、中型潜艇、小型潜艇和袖珍潜艇。

我国第一艘潜艇是在1880年建成的，虽然这是清政府完完全全依靠自己的能力而建成的，不过依然给今天留下诸多疑问。根据史书的记载来看，我们只能知道当时曾经有一个不知名的"道员"带着他的图纸上书朝廷，要求

朝廷建造潜艇，当地的大官就把这个建议上报给了朝廷，于是乎这艘潜艇便开始在天津机器局动工建造。

1949年7月，中国已经开始计划初步建立一支潜艇部队，把精力集中放在潜艇上，以此来大大增加中国海上的防御力。国家精心挑选了上百名杰出军官，构成新的潜艇部队的精英，许许多多的军官都被送往苏联的太平洋舰队并接受专业的训练。不过在一年之后爆发的朝鲜战争中，因资金不足的原因，被迫停止了潜艇部队的开发。一直到了20世纪50年代，在苏联的援助下，这支尘封已久的潜艇部队才开始慢慢发展起来。

邓三瑞

1958年，在苏联提供的技术和资料的帮助下，以邓三瑞为首的设计团队，开始了新中国第一艘实验潜艇的设计。他们不断克服设计上的种种困难，不畏艰难险阻，仅仅用了一年的时间就成功地建造了第一艘实验潜艇并成功地进行了水面和水下的试航试验。这一艘潜艇也在1974年正式被编入了中国海军的防卫系列中来，而邓三瑞也被人们誉为"中国潜艇之父"。

⊙ 趣味链接

在新中国成立之后，毛泽东主席便下决心，一定要结束中华民族有海无防的历史。

为了实现这个承诺，中国精心挑选的275优秀官员远赴苏联进行长期训练，并在1954年独立操纵着从苏联人手上接手的两艘中型旧款潜艇荣誉回国，成功地组建了中国人民解放军海军第一支潜艇大队，至此之后，新中国的潜艇部队正式成立了。

随后，在1954年4月，在苏联的帮助下，位于上海的江南制造厂根据苏联

四、日新月异的中国造船业

提供的资料和技术，首次成功地装配制造出了新一代03型潜艇，并且获得了一定成绩和飞跃的突破。在此之后，中国乘胜追击，以邓三瑞为首的潜艇设计团队不负众望，成功地建造了第一艘我国自主开发的实验潜艇。

⊙古今评说

潜艇的出现确确实实改变了海战的局势，给人们带来了一种全新的海战模式。虽然中国海军还称不上非常强大，但是通过科研人员的不断努力，现在中国海军已经拥有近60艘潜艇，这让任何国家都不敢轻视。

在潜艇的开发和研制过程中，设计人员克服了当时种种不利的条件，对当时国外的潜艇技术不断分析，取其精华，去其糟粕，这种"天不怕，地不怕"的精神也值得当代青少年学习。第一艘潜艇的成功开发，大大增强了中国的海防实力，也为将来中国更多的潜艇研发打下了一个坚实的基础。

"辽宁号"航母

⊙追本溯源

　　航空母舰也被人们简称为"航母""空母",它是一种以舰艇装载飞机为主的大型水面作战武器,一般的航母舰艇都会拥有巨大的甲板,而坐落在甲板左右的其中一侧会有舰岛。

　　今天,航空母舰成了现代海军必不可少的武器,大多情况下,都是以航空母舰为海上战斗群的核心,舰队的其他船只为航母提供一系列的掩护保护和供给等。航母的空中掩护能力和超强的远程打击能力,让它成为了海战中至关重要的一种武器。

　　"辽宁号"航空母舰是中国人民解放军海军第一艘可以搭载飞机的航空母舰,它的问世打破了中国海军史上没有航空母舰的局面,大大增强了我国的国防实力。

　　早在1930年,时任国民党海军署长的陈绍宽,就第一次提出了要建立中国航空母舰的计划。新中国成立后,航母一直是中国海军的梦想,不过由于种种原因,最后还是未能拥有航母。一直等到了苏联解体之后,中国才开始对航空母舰进行研究,并先后从俄罗斯购买了"基辅号"、"明斯克号"、"瓦良格号"等退役航母。其中2008年购买的"瓦良格号",经过大连造船厂的多次修理改造,终于在2011年面世,这就

辽宁号

四、日新月异的中国造船业

是我们国家的"辽宁号"。

这艘"辽宁号"航空母舰，经过后期大连造船厂的建造，舰长达到了304米长，舰宽也有70.5米宽，标准排水量达到了57 000吨，从底层到甲板共有10层高，而且甲板上搭建了九层多的岛式建筑，其中分别包括了消防、医务、通信、雷达等部门和航母战斗群的司令部。除此之外，"辽宁号"航母上的各种各样的生活配套设施也十分完备，比如设有餐厅、超市、邮局、洗衣房、健身房、垃圾处理站等。即使是酒吧，都人性化地分成了闹吧和静吧。

当然，今天的中国依然没有停让对航空母舰的开发和研究的脚步。在2012年12月，"辽宁号"正式投入海军使用后，科研人员又马不停蹄地开始着力研究开发新的航空母舰，2012年9月26日，中国首次对国内外公开了第二艘较大型的常规动力航母在上海建造的消息，并可能在2015年下水。另外，我国还在酝酿着第三艘常规动力航母和两艘核动力航母的建造，相信在不久的将来，我们国家就可以晋升到世界航空母舰强国的行列中去了。

⊙趣味链接

其实，"瓦格良号"航空母舰最初时，并不是用于中国的军事上。在1998年3月中旬，澳门的创律旅游与娱乐公司以2 000万美元的高价购买了1991年苏联建造的"瓦格良号"航空母舰，并准备把"瓦格良号"改造成一个大型海上综合旅游设施。

不过由于种种原因，创律旅游与娱乐公司所购买的"瓦格良号"一度延迟了很长时间。在沉寂了三年之后，大连造船厂接手了"瓦格良号"的改造工作。2004年8月，党中央、国务院、中央军委作出一项重大决策："瓦良格号"将作为航母的模板，改造成中国第一艘航空母舰，至此中国航空母舰工程正式

瓦格良号

开启。

在科研人员日日夜夜地奋斗下，2012年9月2日，"瓦格良号"经由大连造船厂改造之后，成为中国第一艘航空母舰"辽宁号"，紧随其后的9月25日，国防部对外宣布，中国第一艘航空母舰"辽宁号"正式交接入列。

⊙**古今评说**

"辽宁号"航空母舰的成功问世，是中国海军史上的一个大飞跃，它改变了中国没有航空母舰的历史，在许多国家面前树立了军事威慑，大大增加了中国的海上防御和进攻能力，也预示了不久的将来，中国将晋升到航空母舰强国的行列中来。

在"瓦格良号"航空母舰的改造期间，科研人员的不辞辛劳，不怕困难的精神鼓舞了更多的中国人，他们让世人知道中国是有能力建造自己的航空母舰的。不仅如此，"辽宁号"的建成为中国以后研发建造航空母舰提供了经验和基础。